ポジティブ育児メソッド

EQWELチャイルドアカデミー
主席研究員　工学博士
浦谷裕樹

プレジデント社

はじめに

２０２０年、新型コロナウイルスの感染拡大により、世界は多大な影響を受け、人々の活動は大きな変化を強いられました。

日本では人生１００年時代の到来とともに、さらなる少子高齢化による人口減と経済縮小が進み、ライフスタイルの転換を余儀なくされることになるでしょう。

そんな中、ＡＩ（人工知能）・ロボットはますます進化を遂げ、これから10〜20年の間には、今ある仕事の半分がなくなり、今の子どもたちの3分の2は、大学卒業後に、今はまだ存在していない仕事に就くという予測が出ています。そして日本の教育もまた、『２０２０年教育改革』と銘打ち、大きく舵を切り始めています。

このような時代の変化の中、これからの時代を生きる子どもたちは、どういった資質・能力を身につけることが必要になるのでしょうか。

その答えは、「ＥＱ力」にあります。

ＥＱ力とは、ＩＱや記憶力、処理能力、学力などの認知能力（以下、ＩＱ力）と対になる非認知能力（＝社会情動的スキル）のことをいいます。非認知能力とは、わかりやすくいうと、やる気や協調性、勤勉さといった人間力や、誠実さ、楽観性といった人間性を指します。

『２０２０年教育改革』を主導している官僚や大学の先生方の話を聞くと、みんな声をそろえて、「先行き不透明なこれからの時代には、ＥＱ力がますます必要になる」と言われています。その言葉からは、「子どもたちが高いＥＱ力を身につけ、将来一人ひとりが活躍しなければ、この国の未来が危うくなる」といった危機感すら感じられるのです。

私が研究者として関わっている０歳からの幼児（・小学生の能力開発）教室・ＥＱＷＥＬ《イクウェル》チャイルドアカデミーの卒業生で、現在活躍している子どもたちに共通するＥＱ力を調べたところ、幼少期に育んでおきたい５つのＥＱ力があることが、長年にわたる調査からわかりました。

それは、「自己肯定感（自信）」「やる気」「共感力」「自制心」「やり抜く力」です。

幼少期にこれらのEQ力を豊かに育むことにより、IQ力が相乗効果的に伸びていくこともわかっています。心を豊かに育み、一人ひとりの個性を大切にし、それを伸ばしていくことで、そのベースの上に、新たな才能が次々と開花していくのです。

もう一つ、これからの時代において意識すべき大切なポイントがあります。

それは「幸せ」です。

普通の人々がより幸せになれる方法を科学的に研究している「幸福学」では、〝Happy Brain Learns Better〟（幸せな脳は、よりよく学ぶ）

ということが、数々の研究成果から立証されています。

すなわち、親も子も幸せでいたほうが、よりよく学び、成長するのです。

子育ては、精神的にも体力的にも大変ですが、親が楽しく、幸せに育児をすることで、その幸せが伝播《でんぱ》し、子どもも幸せに育ちます。その結果、よりよく学ぶようになるのです。

しかし残念ながら、近年のユニセフの調査では、日本の子どもたちの幸福度は先進・新興国において最低水準であると報告されています。日本の子どもたちが幸せになり、よりよく学ぶためには、まずは親が楽しく幸せに育児をする方法を学ぶ必要があるのです。

本書では、楽しく幸せに子どものＥＱ力を伸ばす55の「ポジティブ育児メソッド」を紹介していきます。

この55の「ポジティブ育児メソッド」は、ＥＱＷＥＬで提唱している「楽しい子育て8か条」をベースに作成した、5つの「思い」の在り方と、5つのＥＱ力それぞれに10個ずつの「言葉」と「行動」の指針から成り立っています。

この「ポジティブ育児メソッド」を日々の育児に取り入れることで、育児が楽しくなり、親子ともに幸せが増していき、子どものＥＱ力がグングンと伸び、結果的にＩＱ力も向上するのです。

子どもたちがこれからの時代、たくましく幸せに成長し、ポジティブに活躍していくために――。このＥＱ力を身につけさせ、育むことが、親から子どもへの最大の贈り物となることでしょう。

目次

第2章 『やる気』の伸ばし方

第3章 『共感力』の育て方

第4章 『自制心』の高め方

第5章 『やり抜く力』の鍛え方

親子ともに、楽しく、幸福であるために

幸せになるための「4つの因子」

第1章からは、「5つのEQ力（非認知能力・人間力）」を身につけ、高めるための55のメソッドを紹介していきたいと思いますが、「はじめに」で私は、親も子も「幸せ」であれば、よりよく学び、成長するということを述べました。それには親も子も幸せであることが不可欠です。ではどうすれば「幸せ」になれるのでしょうか。

そのヒントは、幸福学研究において日本をリードしている慶応義塾大学・前

野隆司研究室が、日本人1500人を対象として行った研究にあります。前野研究室では、この研究の結果、日本人の幸福度（幸せ）に影響する「4つの因子」を導き出しました。

それは、次の「やってみよう因子」「ありがとう因子」「なんとかなる因子」「ありのままに因子」の4つです。日々の生活の中で、これらの要素をバランスよく心がけていくことで、今より幸せな毎日が送れるようになるのです。

①「やってみよう因子」

夢や目標、やりがいを持っていて、それを実現させるために学習・成長しようとしていることをいいます。また、強みや自己肯定感もこれにあたります。

②「ありがとう因子」

家族や友人など、愛情に満ちた関係や、人とのつながりをつくり出すことで得られる喜びをいいます。また、人を喜ばせること、愛情や感謝、そして親切にしたいという気持ちも同様です。

③「なんとかなる因子」

楽観的で前向きでいること、自己受容できている（自分の良い点も悪い点も受け入れ、好きである）ことをいいます。この因子が高いと、失敗したり、不安なことがあったりしても、すぐに気持ちを切り替えられ、逆境においても気楽に構えていられます。

④「ありのままに因子」

他人と自分を比較することなく、自分らしく振る舞うこと、確固たる自分というものがあることをいいます。この因子が高いと、どんな場面でも自信を持ち続けられ、他人に惑わされることがありません。

才能豊かな子どもを育てる「楽しい子育て8か条」

さらにＥＱＷＥＬチャイルドアカデミーでは、子どもを認めて愛情を注ぐための指導法として、「楽しい子育て8か条」を提唱しています。

育児や家事で忙しい毎日でも、この8つを心がけると、親子関係がよくなり、親子ともに「自己肯定感」が高まり、子どもの心と才能を豊かに育むベースができるのです。

先述の慶応義塾大学の前野研究室から、この「楽しい子育て8か条」と「5つのEQ力」は、ともに幸せであるための4つの因子をバランスよく高める要素が入っている、とのコメントをいただいています。

つまり、「楽しい子育て8か条」をモットーに、「5つのEQ力」を高めていくことで、親子ともに幸福度が増す=幸せになる、ということです。

その「楽しい子育て8か条」は、『うまくここちよく』を頭文字とした、子育てをしていく上で心がけたい8つのことを述べています。カレンダーや手帳の隅などにメモして、いつも忘れないようにしていたいものですね。

楽しい子育て8か条

う 生まれてきてくれたことに感謝する

出産のときの気持ちを思い出し、初心に帰ることで、今の子どもの姿を丸ごと受け止められるようになります。

ま 毎日の変化と成長を楽しむ

子どもは日々急激に変化し、成長しています。その過程で目についたことをいちいち叱るのではなく、ゆったりと長い目で子どもを見守り、成長を楽しみましょう。

く 比べない

他人と比較してほめられても、けなされても、子どもは自分を肯定できません。もし比べるのなら、その子自身の過去と現在を比較しましょう。

こ 心と体と脳をバランスよく育てる

心だけ、体だけ、頭だけを育てるのは不可能です。すべてはつながっています。バランスよく育てると、将来的に伸びしろが広がります。

こ　子どもの未来を明確にイメージする

子どもの未来の姿を明確にイメージすると、目標を実現しやすくなります。子どもの「今」の姿は途中経過であると見て、将来に希望を持ちましょう。

ち　ちょうどよい加減に関わる

子育ての難しさは、「ちょうどよい加減」で関わることです。過保護でも、関わらなさすぎでも、うまくいきません。

よ　よいところをいつも探す

よいところを見つけたらほめたくなりますし、叱らなくても済みます。よいところに目を向け続ければ、子どもの自己肯定感は高まります。

く　繰り返し愛を伝える

愛情を伝えるには、相手がどのように受け取るか、タイミングや伝え方などを考えることが大切です。毎日繰り返し、子どもに伝えるようにしましょう。

親がこの「楽しい8か条」を常に心に保ち、子どもの「5つのＥＱ力」を高めるためのメソッドに取り組むことで、今後、親子ともに幸せに成長でき、子どものＥＱ力とＩＱ力を格段に伸ばしていくことができるのです。

これから55のメソッドを紹介していきますが、みなさんが現段階でどれだけできているのか、チェックしながら読み進めていただけたらと思います。

完璧とまではいかなくても、ほぼできていると思ったら各項目のチェック欄に「○」（2点）を、できていないと思ったら「×」を、どちらともいえない場合は「△」（1点）を記入してください。子どもの年齢に合わない設問の場合は、その子が小さいときにできていたことなら「○」を、大きくなったときに取り入れたいことなら「×」をつけるといいでしょう。

55項目のチェックを終えたら、最後に合計点を出しましょう。結果については、２０４ページをご参照ください。たとえ最初は点数が低くても、気にすることはありません。時をおいてまた確認してみてください。子どもが成長するように、親もまた学び、成長できることがわかるでしょう。

第1章

親の思いと、『自己肯定感』の育み方

日本人の若者が諸外国に比べて
著しく低いといわれている「自己肯定感」。
「自分には価値がある」という思いである「自己肯定感」は、
「自分はできる！」という「自己効力感」とともに、
自信の源（土台）を形成するもので、幼少期に培われます。
どのような育て方や接し方をすれば、
自己肯定感の高い、自信に満ちた子に育つのでしょうか？

01

大きな可能性があると信じ、プラスのイメージで関わっている

大人の〝思い〟が子どもを変える

エジソンやライト兄弟、福沢諭吉や美空ひばり、手塚治虫など、天才と呼ばれる偉人の母たちの共通項を調べたところ、その一つとして浮かび上がったのが、『「あなたには素晴らしい力がある」ということを（言葉や態度で）子どもたちに伝え続ける』という項目でした。そのためには「子どもには大きな可能性があると信じる」ことが必要不可欠です。

実際に、教師が「子どもたちの可能性を信じた」ことで、子どもたちの知的能力を伸ばしたというカリフォルニア大学の研究者たちによる報告があります。

Check

できている……….「○」
どちらでもない….「△」
できていない……..「×」

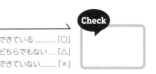

ある小学校で知能テストを行い、その後、各教室の教師たちに、次の3つのことを伝えました。

①クラスの中に数名、すばらしい素質を持った子どもたちがいる
②その子たちはこれからとても伸びる可能性がある
③本人には、そのことを伝えず、教える時間を増減させない

テストから1年後、子どもたちは再び知能テストを受けました。すると、有望な子どもたちの知的能力は、飛び抜けてよくなっていたのです。

一見、当たり前の話のように聞こえますが、実はこの有望だとされた子どもたちは、成績に関係なく、ランダムに選ばれた子どもたちだったのです。研究者たちは教師たちに「その子たちが有望である」と信じ込ませ、その教師たちの信念が子どもたちを変えたということです。

この現象は「ピグマリオン効果」と呼ばれており、「人間は期待された通りの成果を出す傾向がある」とされています。

言葉に表さない心の奥底の思いは自然と相手に伝わり、相手を変えていくパワーを持つのです。

02

子どものことが大好きで、宝物のように大切に思っている

育児がつらいときほどスキンシップを

ニコニコ笑顔で一緒に楽しく過ごせているときは、誰だって子どものことをとてもかわいく感じ、「大好き！」と思えるものでしょう。しかし、子どもが言うことを聞かず、感情的になって暴れまわっているときにはどうでしょう。憎らしく感じて、自己嫌悪にさいなまれることがあるかもしれません。

そんなときに、知っておくとよいことがあります。それは、どんな親でもすぐに「親」になるのではなく、子育てを通じて、次第に「親」になっていくということです。

Check

子どもは、自分でコントロールしきれない不安や恐れに出遭ったとき、親にくっつくことで心を落ち着けようとすることがあります。

これは「アタッチメント（愛着）」と呼ばれる行為で、くっついたときに、親子ともにオキシトシンというホルモンが分泌されます。

オキシトシンは出産や授乳時に大量に分泌され、それらを促進する作用があります。また、身体変化のみならず、頭や心の面でも、育児動機を高める、相手への信頼や愛情を高める、対人関係を円滑に進める、記憶や学習能力を高めるといった働きがあります。育児には欠かせない優れたホルモンなのです。

出産後、母親のオキシトシンの濃度は低下しますが、オキシトシンの分泌は身体的接触で特に高まるので、乳児に授乳する、抱っこする、優しくタッチをする、キスをすることで、分泌を高めることができます。

ということは、たとえ子どものことを嫌に感じたとしても、意識的に見つめたり、タッチしたり、抱っこしたりすれば、オキシトシンが分泌され、わが子を愛おしく感じるということです。その愛おしさが湧き上がってきたときに「大好き!」と思うと、ますます愛おしく大切に感じられることでしょう。

また、母親のオキシトシン濃度が高いと、パートナーである父親と赤ちゃんのオキシトシン濃度も高くなるという報告があります。さらには、オキシトシン濃度が高い父親ほど、育児に積極的に関わろうとするというのです。

これはつまり、日々の子育てを通じて、母親も父親も、次第に親としての脳と心を持つ存在（＝本物の親）になっていくということです。

ですから、ときに子どもに対して悪い感情を抱いてしまい、心ない接し方をしてしまったとしても、それを悔やむことはありません。そのつど、落ち着いた後に子どもを抱きしめて、「〇〇ちゃん、好きよ」と伝えましょう。このスキンシップと言葉かけは、子どもを心から好きだと思えないときに、親の心を解きほぐす効果があります。

朝、子どもを起こすときや寝る前、その他、どんなときに、何度行ってもよいのです。続けることで子どものことをより好きになり、大切に思えるようになるはずです。その思いは、自分のみならず、家族のオキシトシン濃度も高め、親心を育み、ますます絆の強い愛にあふれた家庭を築き上げていくことになるでしょう。

03

能力は、いつからでも大きく向上させることができると信じている

「成長思考」の親や教師の子は、能力が高くなる

子どもたちは、知的能力や運動能力、音楽のセンスからコミュニケーション能力に至るまで、様々な能力を成長とともに身につけていきます。

しかし、そういった能力がどこまでも伸びていく子もいれば、途中で伸びが止まってしまう子もいます。その差は、その子たちの考え方のクセ、「マインドセット」に違いがあるといわれています。「マインドセット」とは、人の能力（&人間性）を変えられると思うか、変えられないと思うか、といった考え方のクセ（信念）の総称で、「変えられる」と考えるのは「成長思考」、「変えられない」

Check

と考えるのは「固定思考」と呼ばれています。

親や教師が「成長思考」であれば、子どもたちも「成長思考」になり、親や教師が「固定思考」であれば、子どもたちも「固定思考」になります。

ドイツ・ポツダム大学で、教師のマインドセットが、子どもたちにどのように影響するかが調べられました。その結果、「固定思考」の教師のクラスでは、その教師の信念のままに、学年のはじめの学力差が、学年末にも変わりませんでした。

それに対し、どんな子でも学力を伸ばすことができると信じている「成長思考」の教師のクラスでは、学年はじめに学力が高いか低いかにかかわらず、どの子もみな、学年末には学力が高いグループに属するようになっていたのです。

このように「子どもの能力は変えられる」という信念を持って指導にあたった教師のもとでは、子どもたちの学力差はなくなります。

まずは親が「成長思考」になることから始めましょう。

そのためには日頃から、「能力は、いつからでも大きく向上させることができる」と思うようにするとよいのです。

親のマインドセットは子に受け継がれる

親が固定思考なら子どもも固定思考に、親が成長思考なら子どもも成長思考になります。まずは親から「やればできる」と意識改革をし、子どもの能力を向上させましょう。

04

自立したときのことをイメージしながら子育てをしている

どんな大人になってほしいかを想像する

ＡＩ（人工知能）とロボットの台頭により、「２０１１年に入学した小学生たちの65％が、大学卒業後に今はまだ存在しない職業に就く」というアメリカの研究者による予測があります。

こういった予測から、今後はさらに、ＡＩやロボットに使われる人ではなく、使う側になることや、人間でなければできない仕事をすることに注目が集まってくると考えられます。マニュアル化されやすい仕事はどんどん減り、創意工夫や人間力が必要とされる仕事が増えていくのです。

Check

そんな時代にますます必要となるのは、次のような能力です。

- **思考力**
- **問題発見&解決能力**
- **コミュニケーション能力**
- **創造性（独創性）**

これらの能力をベースに、高い志を持った子どもたちが、これからの時代を創っていくと私は考えています。こういった能力を培うには、幼少期にしっかりとしたＥＱ力（非認知能力・人間力）を身につけ、その土台の上に高いＩＱ力（認知能力）と志を築いていくことが肝要です。

志に関しては、興味深い調査があります。詳しくは第5章「『やり抜く力』の鍛え方」で後述しますが、乳幼児期の子育てに関する比較調査によると、東大生の親は、子どもが将来「社会で活躍する人に育ってほしい」と思いながら、子育てをしていたことがわかりました。その親の強い思いが子どもへと伝わり、子どもが「社会で活躍しよう」という志を持ち、その志を果たすべく勉強に打ち込み、東大へと進学したのではないでしょうか。

そうであったとすれば、

「子どもが自立したときのことをポジティブにイメージしながら子育てをする」のは、とても効果のある〝思い〟であるといえます。

ただし、この子育てへの〝思い〟は各人各様です。自分なりの〝思い〟を見つけるために、次の質問に答えてみましょう。

想像してみてください。子どもが家を巣立ち、自立するときに「お母さん（お父さん）は、僕（私）に○○を伝えたかったんだよね」と言われるとしたら、○○にはどんな言葉が入っていますか。

これは言い換えると、「親として、子育てを通じて、子どもに最も伝えたい思いはなんですか」ということです。

この答えを常に意識し、子どもに、家族に伝えていきましょう。そうすることで、子育てにぶれない軸ができ、迷いが減り、育児が楽になります。

これからの時代は、生活スタイルや仕事、価値観がガラッと変わる――。

そのことを前提に、自分なりのぶれない軸を持って、子どもの将来をポジティブにイメージしながら、子育てをしていきましょう。

05

一人の人間として子どもを尊重している

ポジティブな声かけで才能を伸ばす

子どもは生まれながらにして、自ら育つ力を持っています。

その力は親の「子育て力」と対比して、「子育ち力」と呼ばれています。

公立中学から灘高校を経て、ハーバード大学とイエール大学に合格し、イエール大学へ進学したKさんの母は、子どもに「子育ち力」があることを信じ、「親が何かをさせたり決めたりして育てるのではなく、子どもが自ら学び、育っていけるようになってほしい」と思いました。

そのために、子どもの力を信じること、子どもが力を引き出せる環境をつく

Check

ることを大切に子育てをしたといいます。また、子どもが興味を持ったことは失敗も含め、まずは「やってみる」ことを大切にして、高校も大学も、進路はすべて本人に自分で考えさせ、調べさせて決めさせました。

Ｋさんは大学卒業後、アメリカの企業に勤め、教育プログラムの開発や世界中の高校に向けたサマーキャンプを主宰するなど、世界レベルで活躍していま す。大きくなって活躍する子どもを育んだ親は、このＫさんの母のように、生まれたときから子どもを一人の人間として尊重して育んでいます。

子どもには、赤ちゃんのときから意思があることを意識し、子どもの興味を尊重し、やりたいことを伸ばすように手助けをしていきましょう。「子どもを一人の人間として尊重する」ことで、子どもも周りの人々を尊重するようになります。

そのためには、「そんなことして大丈夫？」と心配するばかりではなく、思い切って「〇〇ちゃんなら大丈夫！　きっとできるよ！」と子どもを信頼して応援する言葉かけをするように心がけましょう。このような接し方が子どもの心と才能を伸ばし、将来活躍する子を育むのです。

子どもの「子育ち力」を信じる

子どもが自ら育つ力「子育ち力」を信じ、赤ちゃんのときから子どもを一人の人間として尊重しましょう。そうすれば、子どもへの対応も、かける言葉も自然と変わってきます。

成長に応じた働きかけを
子どもを温かく見守り、
意思や興味を尊重する

06

子どもを丸ごと「うまく」受け止めている

Check

心穏やかな育児が子どもを安定させる

子どもを丸ごと受け止めることができるようになると、心穏やかに育児ができます。すると、子どもの心（EQ力）が豊かに育まれ、どこまでも成長する、伸びしろの大きい子に育っていきます。

親は、子どもが順調に育ってくると、ついついたくさんのことを子どもに期待してしまいます。でも、過度な期待を抱くと、期待通りに進まなかったときに、親の心は乱れてしまいます。

そんなときには、楽しい子育て8か条のうちの「うまく」を特に心がけてみてください。穏やかな心を取り戻せるはずです。

う　子どもが生まれてきてくれたことに感謝すると、乱れた気持ちをリセットして初心に帰り、愛情があふれ、心が落ち着きます。

ま　子どもの毎日の変化と成長を楽しむと、自分と子どもを客観視でき、子どもの素行一つをとってもいろいろな見方や捉え方ができ、心が落ち着きます。

この「毎日の変化と成長を楽しむ」ための具体的な取り組みに、「寝る前の振り返り」があります。

これは、寝る前に子どものその日の変化や成長を振り返り、よい気分に浸るというものです。一日の子どもの変化と成長を振り返ってみて、よかったことがあれば素直に「あぁ、よかった！」と思い、よくなかったことがあれば「大丈夫」「きっとよくなる」と心の中で思います。そして、子どもが成長し、よくなった状態をイメージして、「よかった」と満足感に浸ります。

特に何もなくても、「一日が無事に終わって、よかった」と思い、満足感に浸りましょう。

このようにして、寝る前に幸福度を上げると、その一日に対する評価が高くなります。さらには睡眠の質も上がり、次の日を快適に始められ、毎日、子どもによりよい言葉かけができるようになるのです。

☑ わが子を他の子と「比べない」と、期待そのものが生じません。子どもへの期待は、わが子を他の子と比べることで生じるからです。

わが子が他の子に比べて劣っている面があることを知ると、心が乱れてくるものです。科学（幸福学）的にも「比べる」ことは幸福度を下げることがわかっていますので、わが子を他の子と「比べない」ように心がけましょう。

この「うまく」をはじめ、14ページからの楽しい子育て8か条を心がけて、親が心穏やかに子育てをしていると、子どもは安心感に包まれます。

その安心感が子どもの心を落ち着かせ、やる気と集中力を伸ばし、才能が豊かに育まれるベースとなるのです。

寝る前の振り返りでハッピーエンドに

一日の最後を幸せな気分で終えられたら、「いい一日だった」と思うことができます。寝る前に子どもに前向きな言葉をかけ、心の中でも「大丈夫」と思うと満足感に浸れます。

寝るときには

心穏やかな時間を過ごし、一日を振り返りましょう。子どもが成長した様子を思い浮かべてもいいですね

07

スキンシップ、アイコンタクト、名前の呼びかけをたくさんしている

子どもの自己肯定感を高めるために

自己肯定感は赤ちゃん期（0〜2歳の間）に大きく育まれます。

この赤ちゃん期に、たっぷりとスキンシップやアイコンタクトをし、笑顔で名前の呼びかけや語りかけをすることで、赤ちゃんは「自分は大切にされている」「自分のことをママは喜んでくれている」と感じ、自己肯定感が高まります。

抱っこや愛撫などのスキンシップは、子どもに安心感を与え、学ぶ意欲を高め、主体性を引き出します。また生後半年過ぎの赤ちゃんは、触りながら語りかけられると、言語・思考を司る部分の脳活動が高まることもわかっています。

Check

親子がお互いに目を合わせるアイコンタクトは、赤ちゃんの認知力・注意力を高めます。さらに、見つめ合うと距離・顔・単語の認知を司る脳の中側頭回がお互いに活性化します。安心感がある人と見つめ合うと、愛着を増すオキシトシンや、意欲を高めるドーパミンといった神経伝達物質が分泌されることもわかっています。

生後6〜7か月の赤ちゃんを対象にした実験では、「笑顔」と「怒り顔」を見せたときに脳活動に違いが生じました。笑顔を見たときは喜びの情報を収集するために脳の活動が継続した一方、「怒り顔」を見たときは警告や危険を感じ、次の行動に移る必要があると判断したのか脳の活動が急速に低下しました。

また、生後5か月の赤ちゃんが名前を呼びかけられると注意力を高めることや、3歳までの言葉かけが豊富だと脳の言語処理能力が高まり、9〜10歳時点の学力アップにつながることが研究からわかっています。

このように、抱っこして見つめ合い、笑顔で名前を呼び、語りかけながら接することは、子どもの発達によい影響を与えます。赤ちゃん期を過ぎた後も、子どもの自己肯定感を育むためにお勧めしたいシンプルかつ効果的な方法です。

08

人格や存在を「ダメな子」「〜ができない子」と否定していない

子ども自身でなく、間違った「行動」を否定しよう

「お茶の入ったコップを倒す」「片付けをしない」など、子どもが何度言っても間違いをしたり、言いつけを守らなかったりしたときには思わず、「ダメな子ね！」「〇〇ちゃんは片付けができない子だね……」といった、子どもの人格や存在（子ども自身）を否定するような言葉かけをしてはいないでしょうか。

このような言葉かけを続けると、子どもの心の奥底（潜在意識）に「私は（コップを倒し続ける）ダメな子なんだ」「私は（片付けが）できない子なんだ」というセ

Check

ルフイメージ（「私は〜である」という自分に関する思い込み・定義づけ）を植えつけることになります。

その上、自信の要素である、自分は価値があるという「自己肯定感」と、自分はできるという「自己効力感」が育たず、自信のない子になってしまいます。

逆に、子どもの人格や存在を丸ごと認め、受け入れ、否定しない、「完全受容」の接し方をすると、年とともに活躍の幅が広がる伸びしろのある子に育ちます。

チャップリンやピカソ、モーツァルトの母親は、この「完全受容」で子どもを丸ごと受け入れ、わが子には素晴らしい力があると信じ、子どもにそのことを伝え続けたといいます。

子どもが間違いや失敗をしたときには、「コップは倒さないように気をつけようね」「片付けをしないのはよくないことだよ」と、行動だけを否定するように気をつけましょう。そして、コップを倒したときの対処や片付けを一緒に実演しながら教え続ければ、間違いや失敗が減り、かつ間違ったり失敗したりしても、自ら対処できるようになっていきます。子どもの人格や存在を否定せず、失敗しても行動だけを否定するようにしましょう。

09

他の子と比較していない

子どもの「過去」と「現在」を比較してほめよう

「あの子はあんなにできているのに、なんでうちの子はまだできないの？」

わが子と同じくらいの年齢の子どもを見ると、無意識にしてしまうのが「比較」です。人の個性や特徴を知るためには大切な行為ですが、比較も度が過ぎると、子どもの育ちに悪影響を与えてしまいます。他の子と比べて、わが子に劣っている点があったときに、その欠点にばかり意識がいき、頭から離れなくなってしまったことはありませんか？

このような比較の行き着く先は、欠点の発掘と深掘りです。そして、その欠

Check

点をたくさんあげつらうと、子どもはどんどん自分のことを「過小評価」するようになり、「劣等感」にさいなまれ、自信を失っていくのです。

また、「あの人はできるけど、自分はできない人間だ」と、考え方が「能力は変えられない」という「固定思考」になり、チャレンジ精神や、やり抜く力といったポジティブな資質・能力がしぼんでいくのです。

さらに残念なことは、比較することで、幸福度まで下がってしまうことです。幸福学では、人との比較による幸せは長続きしないことがわかっています。

もし比較をするなら、わが子を他の子と比較する「水平比較」ではなく、わが子の過去と現在を比較する「垂直比較」をするようにしましょう。

「垂直比較」なら、「鉛筆の持ち方がよくなったね」「前よりも早く丁寧に迷路ができるようになったね」と、ほめるポイントはいくらでも見つかります。

東京大学合格者数で39年連続日本一の開成中学・高校の柳沢幸雄前校長も、子どもの自信を育むためのポイントとして、この「垂直比較」を勧めています。

「水平比較はせず、垂直比較をする」ことが、自信を育み、伸びしろのある子に育てるための重要なカギとなるのです。

水平比較ではなく垂直比較をしよう

子どもを誰かと比べると、欠点に目がいってしまいがちです。子どもの過去と現在を比べてよくなったところを意識すれば、親子ともに成長思考になり、幸福度も上がります。

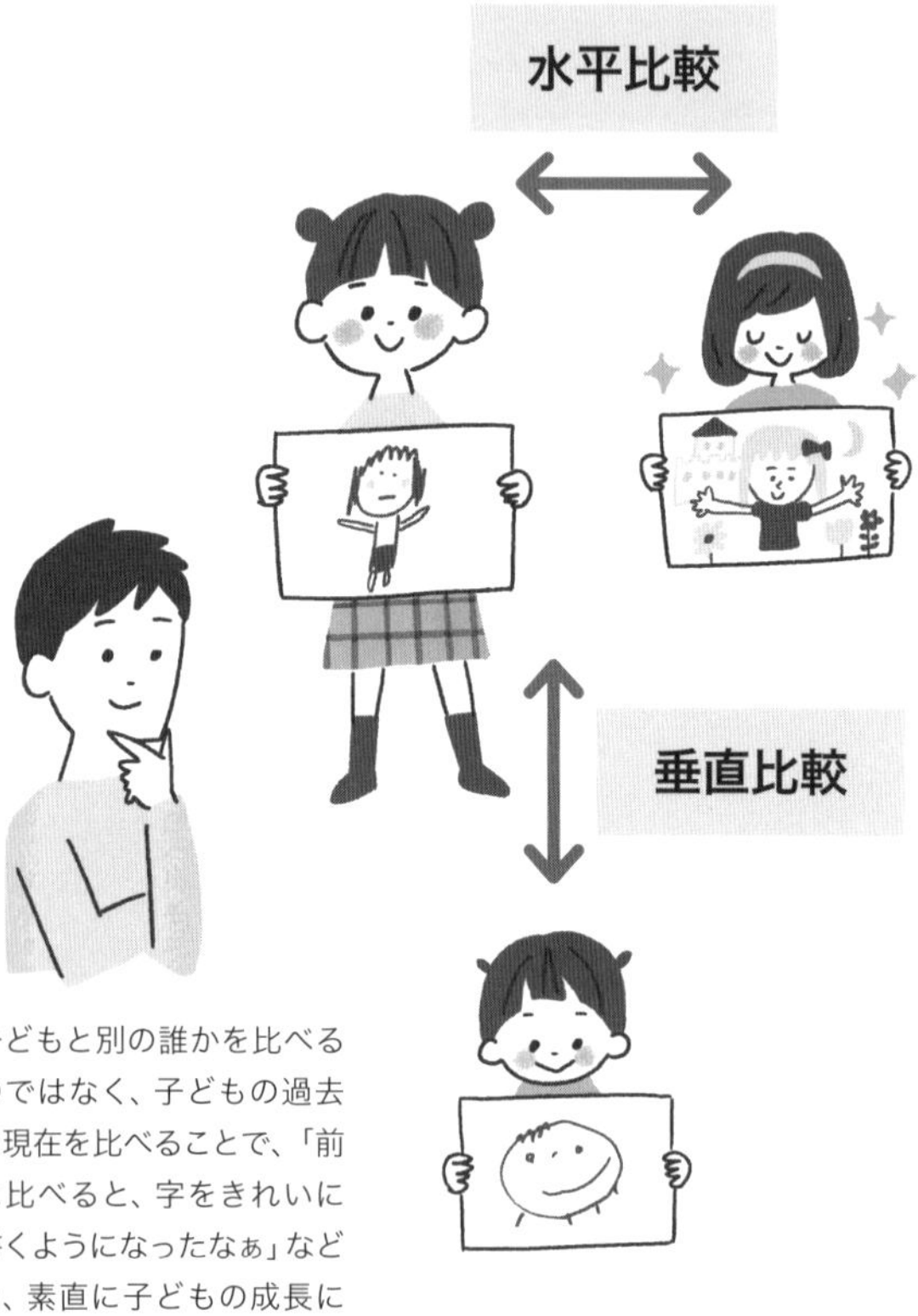

子どもと別の誰かを比べるのではなく、子どもの過去と現在を比べることで、「前に比べると、字をきれいに書くようになったなぁ」などと、素直に子どもの成長に目を向けることができます。

10

肯定や応援の言葉をたくさんかけている

親の声かけが子どもの将来を左右する!?

「人生の基礎は、３歳までの言葉環境でつくられる」と結論づけた研究があります。

『３０００万語の格差』と呼ばれるシカゴ大学における研究です。

この研究から、生まれてから3歳までに、親にどれだけ温かい言葉を数多くかけられてきたかが、子どもの将来的な学力や語彙《ごい》力、信念に大きな影響を及ぼすことがわかりました。

この研究では、家庭環境の異なる42家族の子どもを生後9か月から3歳まで

Check

追跡し、子育てや親の発話の様子を詳細に記録しました。

その結果、家庭によって、3歳までに聞く言葉の数に圧倒的な差があることがわかりました。

言葉かけレベルが高い家庭では、3歳の終わりまでに約4500万語の言葉を聞いていたのに対し、言葉かけレベルが低い家庭では約1300万語しか聞いていなかったとの結果が出ています。

積算すると、3000万語以上の差がありました。

また、言葉かけレベルが高い家庭では、言葉の量が多かっただけではなく、言葉の複雑さ、多様さといった質の面も豊かでした。その差が脳の言語処理速度をはじめ、3歳時点のIQや将来の学力にもつながっていたのです。

差はそれだけではありませんでした。

言葉の内容に関して分析したところ、言葉かけレベルが高い家庭の子どもは「肯定・応援」の言葉を約66万回聞いていたのに対し、言葉かけレベルが低い家庭の子どもは約10万回しか聞いていませんでした。

逆に「否定・禁止」の言葉は、言葉かけレベルが高い家庭の子どもは約10万回、低い家庭の子どもは約22万回も聞いていたのです。

すなわち、言葉かけレベルが高い家庭では、低い家庭に比べてポジティブな言葉かけは6倍、ネガティブな言葉かけは半分ということです。

「肯定・応援」の言葉とは「いい子だ」「よし！」「その通り」「よくできたね！」といった言葉です。

「否定・禁止」の言葉とは、「ダメな子」「悪い子」「間違っている」「何もできないのね」「やめなさい！」といった言葉です。

この言葉の内容の違いは、積もり積もると、子どもに「信念の格差」をもたらします。子どもにネガティブな信念が植えつけられると、何を見聞きしても、自分のできなさや価値のなさを意識する（感じる）ようになります。

そして、その信念を立証するかのように、行動がネガティブになってしまうのです。この負のスパイラルが繰り返されることで、子どもたちの「成し遂げ、成功する力」や「可能性を最大限に発揮する力」が大きく削がれてしまいます。

大人が子どもにポジティブな言葉を多くかけることは、とても大切なことなのです。

前向きな言葉のシャワーを浴びせよう

家庭によって、子どもにかけられる言葉に3000万語もの差が出るという研究結果は衝撃的です。わが子には、前向きで幸せになる言葉をたくさんかけてあげたいですね。

ポジティブな言葉が子どもを前向きにする

11

泣いても焦らない、シグナルに敏感に対応している、過剰な欲求の先読みをしていない

過少でも過剰でもない、適切な接し方をする

子どもの発達において、アタッチメントはとても大切です。アタッチメントは「特定の他者とくっつく」ことであり、イギリスの児童精神科医であるボウルビィが提唱しました。

適切なアタッチメントによって、子どもの心身は健やかに発達し、「自己肯定感」や「やる気」「共感力」といったＥＱ力の基礎が育まれます。

ですので、乳幼児期には抱っこや愛撫、肌の触れ合い、運動の働きかけなど、身体的な接触（くっつくこと）をすることが大切なポイントとなるのです。

Check

身体的な接触は、親子ともに「オキシトシン」というホルモンの分泌を促し、このホルモンは、相手への信頼や愛情を高める、対人関係を円滑に進める、記憶や学習能力を高めるなどの働きを促します。

アタッチメントは生後6か月ごろから2〜3歳に多く見られますが、それ以降の幼少期も含め、気をつけたい接し方のポイントが3つあります。

① 泣くことは自然なので、泣いても焦らない
② シグナルに敏感に対応する
③ 過剰な欲求の先読みをしない

言葉がまだ巧みでない時期は、何かあると泣くことで、周りに自分の不快を伝えようとします。泣くのは自然なことなので、泣いても焦ることはありません。「どうしたのかな〜？」と落ち着いて対応するようにしましょう。

また、子どもは泣いたり話したりする以外にも、様々なシグナル（視線、発語などの合図・しるし・兆候）を用いて、思いを伝えようとします。そのシグナルがないときは、手を出さずに見守るようにします。子どもが一人で楽しくしてい

るときは、好きにさせてあげるということです。

そして、シグナルを送ってきたときには敏感に応えるようにしましょう。ただし、過敏な反応や過剰な欲求の先読みは控えるようにします。落ち着きを失った親が過敏な反応をすると、赤ちゃんも落ち着きがなくなるからです。

赤ちゃんが不快な状況になってシグナルを送り、それに親が敏感に応え、その状況を抜け出すことにより、「自分が働きかければ問題を解決できる」という自己効力感と、「養育者は信頼できる」という基本的信頼感を胸に刻み込み、自己肯定感を高めていきます。過剰な欲求の先読みをすると、このチャンスを奪ってしまうことにもなるのです。その上、先回りばかりする過保護な親のもとで育つと、やる気の源である子どもの自律性（自分で目標を決め、それに向かって自分で考え行動する）が育ちません。

子どもの順調な発達は、バランスのいい接し方が成り立っているときに最も促進されます。言葉が出始めると、だいぶ意思疎通ができるようにはなりますが、3歳以降もこういった適切な接し方を心がけて、子どものEQ力を育んであげましょう。

12

「大丈夫！」「あなたならできる！」と、常に安心感と自信を与える言葉を伝えている

成功や活躍のベースには〝自信〟がある

絶体絶命のピンチのときに、「もうダメだ……」とあきらめてしまう子と、「大丈夫！　私ならできる！」と発奮する子との差は何でしょうか。

それは、日頃から身近な人にかけられていた言葉で培われた、信念の差だといえるでしょう。

ソフトバンクを創業した孫正義氏は、幼少期に親から「あなたなら、きっとできる！」と言われ続けて育ちました。孫氏は特に根拠がなくても、自分が大成功しているイメージを頭に思い浮かべ、「やったー！　成功した！」と喜び

Check

に浸ることができたといいます。その後、そのイメージを実現するために、ひたすら論理的に考え詰め、そこから出てきたアイデアを実行していったところ、今日の成功に至ったそうです。

医師になり、細菌の研究で知られた野口英世は、1歳5か月のときに左手に大やけどを負い、貧しさのために医師にかかれず、手が棒のようになりました。そのことで幼いころからいじめられ、小学生になってもからかわれ続け、学校に行くのがつらくなりました。そんな英世に、母はこう話したといいます。

「これからその手のために、もっとつらいめに遭うことになると思う。そのたびにくじけていたら、とても生きていけないよ。でも、手が悪くてもできるものがある。勉強だ。学問だ。だから、学校を辞めてはいけない。うんと勉強をして、ばかにした子たちを勉強で見返しておやり。お前はおっかあに似て、負けず嫌いだから、きっとできる」

この「お前なら、きっとできる」という母親の力強い言葉が、英世の心に響き、「救いの光」となりました。

その後、英世は学校を休むことなく一心に勉強し、「学問」の道においてメキメキと頭角をあらわしていったのです。

ＥＱＷＥＬチャイルドアカデミーの卒業生である、水泳の池江璃花子選手も、母から「大丈夫」「できる！　できる！　あなたならできる！」と伝え続けられて育ちました。

２０１８年には世界レベルの活躍で一躍有名になったものの、２０１９年に白血病が発覚し、入院生活を余儀なくされることとなりました。「死にたい」とまで漏らした過酷な闘病生活でしたが、それを乗り越え、同年末に退院。再び水泳選手として復活し、２０２４年のパリ五輪出場を目指し、日々練習にいそしんでいます。

絶体絶命のピンチのときにも「大丈夫」「私ならできる！」と心折れることなく前向きに努力し、やがて逆境を乗り越え、成功をものにする——。そのためには、前向きな強い心とたくましさが必要です。

こういった自信のベースは、幼少期に身につきやすいのです。これからの時代を生き抜き、新しい時代を創っていく子どもたちが強い心を育めるように、安心感と自信を与えるポジティブな言葉をふんだんにかけてあげたいものです。

13

「ダメでしょ！」「やめなさい！」「〜しなさい」といった命令・禁止語を使わないようにしている

「〜するのはどう？」といった提案や促しを増やす

「早くしなさい！」「ダメでしょ！」「いい加減にやめなさい！」というのは、子育てをしている中で、ついつい口をついて出てしまう言葉でしょう。

ですが、こういった命令・禁止の言葉は、できるだけ使わないほうがいいのです。

前述の『3000万語の格差』で話した通り、子どもを取り巻く初期の言葉環境は、3歳時点のIQに影響を与えます。中でも、「ダメ！」「やめなさい！」で始まる命令や禁止の言葉は、子どもの言語を習得する力を抑えていることが

Check

わかりました。

実際にEQWELチャイルドアカデミーの卒業生で、関西の有名校である灘高校生時代に生物学オリンピックで銀メダルを獲得し、その後MIT（マサチューセッツ工科大学）へ進学したHさんは、「（幼少期に）親から『ダメ』と言われた覚えがない」と言います。

また、自制心（自己制御スキル）の研究では、「～しなさい」といった、命令する言葉の大多数は、自制心の伸びを抑えてしまうことがわかりました。

これは、親が子どもをコントロールすると、子どもはただ従うだけになり、自分で自分をコントロールしようとしなくなるため、その力も伸びないということです。

逆に、「～するのはどうかな？」「～するといいよ」といった「提案や促し」の言葉は、長期にわたり、自制心を伸ばすことがわかっています。提案や促しは子どもが自ら考え、行動するように促すので、自らをコントロールする力、すなわち自制心を伸ばすことができるのです。

ただし、命令を多少使うことの効果については、明確な答えは出ていません。

命令がすべてマイナスと定義されているわけではないのです。

子どもが幼いときであれば、単刀直入でわかりやすい命令は、子どもが決まりを学び、適切な行動を身につけていくことにつながるともいえるでしょう。

とはいえ、命令や禁止の言葉があまりにも多いと、子どもの自信に影響を与え、「信念の格差」をもたらすことも想像に難くありません。

命令が多いと、「自分は一人では何もできない」という自己効力感（「私はできる」という信念）が下がり、禁止が多いと、「自分はダメな子だ」と思い、自己肯定感（「私には価値がある」という思い）が下がります。

このように、命令や禁止を多用すると、言葉の習得能力や自制心のみならず、幼少期に育んでおきたい自信まで、成長するのを妨げてしまいます。命令や禁止は、自分や他人を傷つけてしまうような、本当に使わなければいけないとき以外は、できるだけ使わないように意識しましょう。

その代わりに、「提案や促し」を増やすように心がけます。子どもを認めたりほめたりする、プラスの言葉かけの合間に伝えることで、次第にその提案や促しに、気持ちよく従うようになるでしょう。

14

失敗をしたときに、「そのやり方はダメだったね」と行動を否定している

失敗の対処法を教え、サポートをしよう

子どもが誤って食べ物をこぼしたときに、「またこぼしたの？　ダメな子ね～」と、言ってはいませんか？

親からすれば、子どものいたらなさをかわいく思って、何気なく（口をついて）出た言葉かもしれません。しかし、この言葉には、子どもにとって悪い作用が2つあります。

まず、この言葉は「またこぼしたの？」から始まっています。

裏を返せば、「またこぼすなんて、（あなたは）前と変わってないわね」と伝え

Check

ていることになります。すると、子どもはその裏の言葉を額面通りに受け取り、その後も「前と変わらない子」のままになってしまいます。すなわち、その後も食べ物をこぼし続けるということです。

「もう3か月も言っているのに、直らないわね」といった言葉も同じ影響があります。言った本人としては、それくらい子どものことをしっかりと見ていて、よく覚えていることをアピールしたかっただけかもしれません。

しかし、子どもはその言葉を真に受けて、「自分は3か月前から変わらない子なんだ。だったら、これからも変わらないままでいよう」と、直らないままの状態でい続けてしまいます。

ですので、本気で子どもの行動を直したいのであれば、昔のできなかったことは掘り返して持ち出さないのが賢明なのです。

また、この言葉の後半では、食べ物をこぼしただけなのに「(あなた)はダメな子」と、子どもの人格や能力など、存在自体を否定しています。

このような人格否定が続くと、子どもが何か失敗をするたびに「自分はダメな子なんだ」「(だから)自分は存在している価値がない」と、自信を失っていきます。自信に満ちた子に育ってほしければ、子どもを否定するような言葉かけはやめましょう。

では、どういった言葉かけがいいのでしょうか？

子どもが誤って食べ物をこぼしたときには、「こぼしちゃったねー」とただ事実を伝えるか、「食べ物をこぼすのはよくないことだったね」と、子どもの行動を否定し、それがよくない行動であることを伝えます。

その上で「こういうときはどうしたらいいのかな？」と、子どもに尋ねます。もし子どもが対処法を知らない場合は、親が手本を見せながら、対処法を教えましょう。

子どもが既に対処法を知っている場合は、できるだけ自分の力で対処できるようにサポートをし、自力で対処できたら「すごいねー！」「さすが○○ちゃんだね！」と、大いにほめてあげましょう。

失敗や間違いをしたときは行動を否定しますが、よいことをしたときは子ども自身（の存在）を丸ごとほめて構いません。すると、「自分は失敗を克服できる、価値のある人間なんだ」と、自信を増していきます。

失敗した行動を否定し、対処しよう

子どもに失敗はつきもの。大切なのは、子どもを責めずに、次にどうすればいいかを一緒に考え、教えることです。失敗に対処したり、克服したときには大いにほめましょう。

お部屋でボールを
投げたらいけないね

子どもではなく、失敗した行動を否定する。

水がこぼれたときは、
雑巾で拭くといいんだよ

失敗の対処法を一緒に考えたり教えたりする。

15

「○○ちゃん、大好きよ」「大切に思ってるわ」と言葉に出して愛情を伝えている

言葉での愛情表現は子と親の自信を深める

子どもに対して「大好き」と、言葉にして伝えていますか？　当たり前だからと口にしていないのであれば、ぜひ言葉にしてみてください。子どもは言葉による愛情を受け取ることで、自己肯定感（＝「私には価値がある」という自信の一部）が高まり、愛情深くなるとともに、自分も相手に言葉で愛情を伝えることができるようになります。

こういった子どもの自己肯定感を高める言葉には、他にも「私の大事な○○ちゃん」「あなたがいてくれてよかった」「生まれてきてくれて、ありがとう」と

Check

いった言葉があります。子どもの存在自体を認める無条件の愛を表す言葉をかければかけるほど、子どもの自信は深まり、心が強くなっていきます。

また、自分の長所や強みに気づくことができると、自分を前より好きになることができます。「私はすごい」「私はすばらしい」と思え、より自分自身のことを受け入れられるようになり、自信と幸福度が高まります。

この長所や強みを気づかせる言葉としては、「すごいね！」「すばらしい！」をはじめ、「ステキ！」「最高！」「いいね！」「さすが！」「カッコいい！」「かわいい」といった、その子を丸ごとほめる言葉をたくさんかけましょう。

また、「助かったよ」「うれしいわ」「ありがとう」といった行為に対する感謝や喜びの言葉もたくさん使いましょう。大きくなってきたら、「力持ちだなー」「すごい集中力だね」「やさしいね」「お絵かきが得意だね」というように、より具体的に長所や強みを認めたりほめたりするようにします。

声に出して愛情や強みを伝えると、自分もその言葉を耳にします。「与えるものは与えられる」という言葉の通り、それらの言葉は言った本人（＝親）の自信も深めてくれる、大きなおまけつきの行為なのです。

愛情を伝える言葉は、親子を幸せにする

ほめ言葉や感謝の言葉、愛情表現などを言葉にして伝えることで、子どもの自己肯定感が高まります。また、親も「大好き」という思いが深まり、親の自信も深めてくれるのです。

その言葉は親の耳にも届く

親の愛情あふれる言葉で、
子どもは「私には価値がある」と、
自己肯定感を高めることができます

第2章 『やる気』の伸ばし方

今や時代は、産業革命から
250年を経て、「情報革命」の時代に突入しています。
この新時代において、一人ひとりの内側から
創造性や「やる気」を溢れ出させるには、
今までのようなアメとムチでは、効果がありません。
これからの時代、子どもの「やる気」を伸ばすには、
どうすればいいのでしょうか?

16

子どもが興味のあることを見つけ、一緒に取り組んだり、応援したりしている

できている……「○」

どちらでもない…「△」

できていない……「×」

Check

子どもが集中しているもので遊んでみよう

子どもが一番よく学ぶのはどういうときでしょうか?

それは、興味のあることに集中して、夢中になっているときです。

45ページで詳述した『3000万語の格差』の調査結果をもとに、シカゴ大学医学大学院の小児外科医であるダナ・サスキンド教授は、乳幼児期における効果的な言葉かけの方法として、3つのTを掲げています。それは、

① チューン・イン "Tune In"
② トーク・モア "Talk More"

③ テイク・ターンズ "Take Turns"

で、これらを実践することにより、子どもの脳が発達すると提言しています。

この項で注目したいのは、1番目に掲げられている「チューン・イン」です。これは、子どもの興味に寄り添い、その対象について、一緒に遊ぶ（話す）ことを指しています。

これに関する脳科学的なメリットとしては、次のようなことが挙げられます。

・子どもが集中している世界で保護者が一緒に遊ぶと、短い時間でも脳の発達に役立つ

・たいして興味がないものに注意を向けたり、行動を変えたりするためのエネルギーがいらない

子どもが夢中になっているものを親も十分に一緒に遊んでから、親がしてあげたい別の遊びに誘ってみると、そのときのやる気と集中力を保ったまま、その遊びに参加してくれることでしょう。

さらに、その取り組みの世界を広げるように、応援（サポート）をしてあげると、学習力MAXの状態でグングン吸収していきます。

17

興味があることをトコトンさせてあげるよう努力をしている

好きなことを気の済むまでさせ、「夢中力」を育む

子どもの能力が最も伸びるのは、「興味・好奇心」を感じているときです。さらに、「興味・好奇心」があることをできるだけ続けさせてあげると、夢中になって取り組む力、「夢中力（ハマる力）」が磨かれます。

元文部科学大臣補佐官で、東京大学＆慶応義塾大学のダブル教授である鈴木寛氏は、この「夢中力」を、文部科学省が目標とする学力の3要素（①知識・技能、②思考力・判断力・表現力等、③学びに向かう力・人間力等）に、もう一つの要素としてつけ加えたいと言っています。

Check

「夢中力」を持った子どものほうが、そうでない子よりも、

・やる気が続き、集中持続力がつく
・創意工夫を繰り返し、独創性が磨かれる
・問題や課題に積極的に挑み、試行錯誤する中で問題解決能力が高まる
・やり抜く力が伸びる

可能性が高くなるからです。

誰がやっても同じ結果が出るようなことは、これからどんどんＡＩやロボットに取って代わられます。独創性や問題解決能力はＡＩが最も苦手とすることなので、これからの子どもたちにとって、「夢中力」はぜひとも身につけておきたい能力なのです。この「夢中力」を高めるには、子どもが興味を持ったことを、トコトンやらせてあげることがポイントとなります。

ただし、子どもが興味を持ったといっても、モノを片っ端から投げつける、アニメやＹｏｕＴｕｂｅを見続けて電子機器から離れない、小動物をいたぶるなど、親から見て好ましくない内容であれば、やめさせて構いません。親から見ても好ましいものにハマったときに、トコトンやらせてあげましょう。

ＥＱＷＥＬチャイルドアカデミー卒業生のＭさんは、東京大学在学中にロボット競技大会「ロボコン」で2年連続日本チャンピオンとなり、世界大会で最も名誉ある「ロボコン大賞」を受賞しました。その後、大学院時代に研究の傍ら、仲間とともに起業をし、博士号を取得。後にＡＩ関連の企業に就職しました。その原動力となった「夢中力」は、どうやって培われたのでしょうか。

3歳のころに、鉄道玩具が好きだったというＭさんのお母さんは、「掃除ができないから片付けて」と言いたくなるのをこらえて、Ｍさんがつなげた線路を、Ｍさんが満足するまで何日も広げっぱなしにさせてあげたそうです。もちろんイライラすることもあったそうですが、そのままにしておいたおかげで立派なものができあがり、お母さんは、「子どもの興味をキャッチして、のびのびさせてあげることの大切さ」を実感したのだと教えてくれました。

また、最年少記録を次々と塗り替え、活躍している棋士、藤井聡太さんのお母さんも、息子が将棋に夢中になっているときはトコトンやらせてあげたといいます。このように、親に環境を整えてもらえた中で「夢中力」が磨かれると、意欲と創造力が増し、心と才能が豊かに花開いていくのです。

夢中力で培う子どもの能力

好きなこと・興味のあることには、子どもの能力を格段に伸ばす〝力〟があります。子どもが好きなことを続けられるようサポートをすることで、様々な能力が身につきます。

18

大事なことに夢中になっているときは、しばらく続けさせてから、切り替えさせている

終わりの時間は自分で決めさせよう

「夢中力」を育むには、できるだけ、好きなことを好きなだけさせてあげるのがいいのですが、生活上どうしても切り替えなければならないときには、どうしたらいいのでしょうか。

こういったときには、夢中になっていることを急にはやめず、しばらくは続けさせてあげることが大切になります。なぜなら、夢中になっているときは、子どもの集中力や創造性はフルスロットル状態に入っているため、それを無理やりやめさせてしまうと、急ブレーキをかけたようになり、子どもはとても不

Check

快に感じるからです。

もし、急ブレーキをかけ続けると、子どもは今後、不快に感じなくて済むように、いつでも集中をやめられるくらいのトロトロ運転しかしなくなります。

集中力がフルスロットル状態のときには、人は苦もなく試行錯誤や工夫をして、様々な能力を伸ばしていくことができます。そこに急ブレーキをかけ続けるということは、その能力を伸ばす機会を奪うことになるのです。

ですので、急ブレーキをかけてやめさせるのではなく、高速道路のように、ゆったり減速していけるような環境をつくってあげることが大切です。

この「夢中になっていることを、しばらく続けさせてあげる」ことに関して、興味深い調査結果があります。現役東大生184人に、小学生時代に「打ち込んでいた」ことに関するアンケートを行いました。その結果、

① 96%が小学生時代に「打ち込んでいたことがあった」
② 83%が「打ち込んだ経験」はその後の勉強や学校生活で役立った
③ 74%の親が大事なことに熱中しているときはしばらく続けさせてくれた

と答えたといいます。

ほとんどの東大生たちは、小学生のころから何かに打ち込んだことがあり、「夢中力」が育まれていたことがわかります。さらに東大生の親の4分の3は、大事なことに熱中しているときにしばらく続けさせてくれたというのです。

とはいえ、「ずっと」熱中していることを続けさせてあげたらいいのかというと、それでは生活が成り立ちませんよね。ですので、「しばらく」続けさせてあげる、というところがポイントになります。

たとえば、食事の前に子どもが遊びに夢中になっていたら、食事の準備ができたところで「あと何分で食事にする?」と聞きます。子どもが「あと5分」と答えたら、その時間だけ待ち、時間が来たら食事を開始するのです。

もし時間になってもまだ夢中になっていたら、それを守らなかったことを注意し、次からはどうしたら時間を守れるようになるかを一緒に考えましょう。

このようにして、子どもに時間を決めてもらうことで、子どもが自力で集中状態をクールダウンさせていく方法を身につけられます。子どもに時間の概念が身についていないときは、時計を使って「あの長い針が9のところまでいったら終わりにしようね」と伝えると、時間や時計の概念も身についていきます。

即ストップ＝集中力が身につかない

遊びに夢中で食卓につかせることが困難……。こんなシチュエーションは日常茶飯事でしょう。すぐに遊びをやめてほしいと思うでしょうが、それでは集中力が育ちません。

ご飯だよ。
すぐにやめなさい！
もうちょっと〜……

NG例

集中していることを無理やりやめさせることが続けば、最初から集中しなくなります。

もうすぐご飯だよ。
いつならいい？
あと5分したら〜

OK例

自分でブレーキをかける練習をするために、状況を予告し、自分でコントロールさせます。

19

自主性を尊重し、何をするか、何を選ぶかは自分で決めさせている

自発的にやりたいという気持ちを引き出すために

子どもでも大人でも、やる気の源は「自分で決めること（自己決定）」にあります。どれだけ自分で決めたかが、やる気の大きさに影響を与えるのです。

やる気には、報酬と処罰（アメとムチ）など、外側から与えられるものによってコントロールされる外発的動機づけと、よりよく学び、創造し、貢献したいという、内側から湧き出る内発的動機づけとがあります。やる気をもたらす要素を科学的にまとめた「自己決定理論」によると、内発的動機づけのほうが、やる気を高め、持続することができるといいます。

Check

アメリカのコンサルティング会社であるマッキンゼーは、「（これからの）世界経済は、型にはまらない創造的で観念的な能力を、今まで以上に必要としている」と報告しています。

また、新しく生まれる雇用や仕事に関しては、決まりきった仕事をするルーチンワークよりも、創造的・発見的手法により、新たなものを生み出していく仕事のほうが増えると予測しています。この新たなものを生み出していく仕事をするには、一人ひとりの自発性が頼りであり、その自発性を引き出すには、内発的動機づけを高める必要があります。

では、どうすれば内発的動機づけを高めることができるのでしょうか？

「自己決定理論」では、自分がすることにおいて、

①自主的に物事を決める　＝自分でやりたい（自律性・自己決定）

②自分が有能であると感じられる　＝能力を伸ばして発揮したい（熟達・成長・有能感）

③人々とのつながりが感じられる　＝人々とよい関係性を持ちたい（目的・愛・貢献）

ときには内側からやる気が湧き上がり、それに基づいた行動をとった場合は、

- 生産性、幸福感、興味、やる気が高まる
- 長期的には外発的動機づけでの成果をしのぐ成果を上げる
- 行動のためのエネルギーは容易に補充でき、安全で無限に再生できる
- 肉体的にも精神的にも、大いに満足できる状態をもたらす

といったメリットがあるということです。

ですので、子どものやる気を高めるには、ことあるごとに、子どもが自分で物事が決められるように導いてあげるといいでしょう。たとえば絵本の読み聞かせのときに、2〜3歳のころであれば、「この2冊のどっちを読む?」といった2択にして、大きくなってきたら選択肢を増やし、やがては「どの本を読んでほしい?」と自由に決めさせてあげるようにします。読む時間や冊数なども決めさせてあげると、ますますやる気が高まることでしょう。

自己決定できることは、ある意味「遊び」であるといえます。

親がしてあげたいことや、子どもに身につけてほしいことなども、徐々に自己決定の要素を増やして「遊び化」させていきましょう。

内発的動機で物事を決めさせよう

やる気を持続させるためには、内発的動機を引き出すことが重要です。日頃から、自分で物事を決めさせ、自分でやりたい・能力を発揮したいという意欲を引き出しましょう。

20

「頭がいいね！」「賢い！」「天才！」など、子どもの能力をほめないようにしている

努力をほめると成績が伸びる

「ほめて伸ばす」という標語があります。近年、その標語は、科学的にも妥当性があることが認められてきています。日本人は他の先進国に比べて「自信」が低いという調査結果が出ていることもあり、「自信」を高めるために、数十年前から、ほめて伸ばす「ほめ育」が提唱され、定着してきました。

しかし、幼児期にたっぷり「ほめ育」をして、知育にもたくさん取り組み、頭がいい子になってきたと思ったものの、小学生になるころから、少しでもできないことがあると投げ出してしまうなど、根気のなさが目立つ子に育ってし

Check

まっているケースをたびたび見受けるようになりました。

なぜだろうと思っていた矢先に知ったのが、「能力ぼめの弊害」といういくつかの研究結果です。一口にほめるといっても、ほめ方にもコツがあったのです。

コロンビア大学の研究者たちによる、小学生を対象にした「ほめ方」の効果を調べた研究があります。

この実験に参加した子どもたちは、1回目のＩＱテストを受けた後、ランダムに2グループに分けられ、一方にはテストの結果について「頭がいいね」と能力をほめるようにし、もう一方には「よくがんばったね」と努力をほめるようにしました。その後、同じ子どもたちを対象に、2回目にはかなり難しいＩＱテストを、3回目には最初と同じ難易度のＩＱテストを受けさせました。

その結果、能力をほめられた子どもたちは3回目のテストで成績を落としたのに対し、努力をほめられた子どもたちは成績を伸ばしたのです。

なぜ、「頭がいいね」とほめられた子どもたちは、成績が下がったのでしょうか？　これは、「頭がいいね」と能力をほめられた子どもたちは、テストを受ける理由を「何かを学ぶ」ことではなく、「能力を証明する」ことにあると考えたからです。そのため2回目のテストで悪い成績を取ったときに、「自分には能力がないから努力しても無駄だ」と考え、努力をしなくなりました。だから同じ難易度にもかかわらず、3回目のテストでは1回目より成績が下がったのです。

一方、「よくがんばったね」と努力をほめられた子どもたちは、2回目で悪い成績を取ったときに「努力が足りなかったせいだ」と考え、より一層努力をするようになりました。そのおかげで、3回目のテストでは1回目より成績が上がったのです。

この実験結果を受けて、研究者たちは「能力をほめることは、子どものやる気を蝕む」と結論づけています。やる気を保ち、レジリエンス（回復力・立ち直り力）の高い、ピンチに強い子に育てるには「頭がいいね！」「賢い！」「天才！」などといった、能力ぼめをしないように気をつけましょう。

別の研究では、3歳までの「努力ぼめ」の多さが、9〜10歳時の「成長思考」を伸ばし、結果的に学力によい影響を与えたという報告もあります。

幼児期には、基礎的な自信をつけさせるために「能力ぼめ」をしてもよいとは思いますが、徐々に「努力ぼめ」を多くするように心がけましょう。

21

「よくできたね！」といった結果ぼめよりも、「やり方がいいね」といったプロセスぼめを多くしている

結果ぼめは、やる気を持続させない

先ほど説明した「努力ぼめ」の他にも、ほめ方にはいくつかポイントがあります。その中でも特に気をつけたいのが、「結果ぼめを減らす」ことです。

子どもが何かをしたときに「よくできたねー！」「上手にできたねー！」とほめたり、賞を取るなど何か目標を達成したときにご褒美をあげたりすることは、親であれば、ごく普通にしていることだと思います。

しかし、このできたことに対してほめたり、ご褒美をあげたりする「結果ぼめ」には、あまり効果がないとしたらどうでしょう。そのことを示す、いくつ

Check

かの事例があります。

前述のコロンビア大学の研究者たちによる「ほめ方」の研究には、もう一つのグループがありました。「よくできたね!」と、結果だけをほめられる「結果ぼめ」のグループです。

その「結果ぼめ」のグループは、同じ難易度である1回目と3回目のテストの成績に大きな変化はありませんでした。「能力ぼめ」をしたときのように、成績が下がりはしませんでしたが、「努力ぼめ」のように成績は上がりませんでした。ということは、「結果ぼめ」をしても、さほど成績に変化はないことがわかります。

また、ハーバード大学の研究者たちによる、3万6000人の小中学生を対象とした学力と「ほめ方」の関係を調べた研究からも、同じ結果が出ました。「努力」にご褒美が与えられた子どもたちの学力は上がりましたが、「結果」にご褒美が与えられた子どもたちの学力は改善しなかったのです。

これらの結果から、「努力ぼめ」は成績を伸ばす効果がある一方、「結果ぼめ」にはその効果がないことがわかります。

さらに、長い目で見ると、「結果ぼめ」には落とし穴があることがわかります。幼少期は新しくできることがどんどん増えるので、「よくできたねー」「上手にできたね！」と、ほめる機会も多いことでしょう。子どももその分、モチベーションが高まります。しかし、年齢が上がってくると、達成するのが難しいことが増えてくるので、ほめる機会が減ることになります。

たとえば、スポーツの大会や楽器演奏のコンクールにおいて、小さいころは地域で優秀な成績を収めていたとしても、学年が上がるにつれ、参加者の範囲が市や県などに広がり、レベルの高い子どもたちがどんどん集まってくるため、よい結果を出すことが難しくなってきます。そうするとほめられる機会が減り、子どものモチベーションは下がることになります。

そのまま思春期に入ると、ついには「結果を出すために、こんなに時間と労力をかけてがんばらないといけないのは割に合わない」と考え、競技や演奏自体をやめてしまうことも少なくありません。

子どものやる気を伸ばすためには、「結果ぼめ」よりも、「努力ぼめ」を心がけるようにしましょう。

22

ほめるときは、具体的な理由を伝えてほめている

具体的にほめることが、さらなるやる気を生む

ほめることは、脳科学の観点から、非常に高い学習効果を期待できることがわかっています。

たとえば、子どもが粘土遊びをしているときのことを考えてみましょう。

・粘土遊びを始める

←

・試行錯誤をして、つくりたかったものができあがる

←

Check

・ほめられる（達成感、報酬を得る）
←
・ドーパミンが放出される（快感を得る）
←
・粘土遊びと快感が結びつく
←
・また粘土遊びをしたくなる

このように、人間の脳は、「何かをした後に、ドーパミン（報酬を表す物質）が放出されると、その行動を繰り返したくなる」という性質を持っています。

つまり、「何かをする↓ほめる」を繰り返すと、脳内には、その行動に対する強固な回路がつくられていき、やがて練達していくことになるのです。

このプロセスは「強化学習」と呼ばれており、繰り返すことで強化学習のサイクルができていき、このサイクルが回ることによって「夢中力」が身につくようになるのです。

しかし、この強化学習のサイクルを鍛えるには、達成感を得なければなりません。自分一人で達成感を得ることもできますが、周りの人から「ほめられる」ことで、それはますます大きなものになります。言葉を通じた「報酬」である「ほめ」は強力であり、強力であるがゆえに、「子どもはほめられたことを繰り返そうとする」のです。

ただし、「ほめ」は、使い方によっては子どものやる気を奪ってしまう、もろ刃の剣の面を併せ持つことは前述したとおりです。

「ほめ」で子どものやる気を高めるには、「能力・結果ぼめではなく、努力ぼめをする」ことに加え、「具体的にほめる」ように心がけます。

たとえば粘土でぞうをつくった子どもが、単に「いいね!」とほめられるのと、「ぞうさんのお鼻が曲がっていてリアルだし、耳も大きくてよくできてるね」と言われるのとでは、どちらがその後、より工夫をしようと思うでしょうか。

このように、具体的なフィードバックをもらったほうが、次のパフォーマンスに向けて、自然にやる気が湧いてくることが数々の研究でわかっています。

子どもが何かに取り組んでいるときは、途中経過や取り組む姿勢、創意工夫など、具体的な理由を話して、そのプロセスをほめましょう。

達成感で得られる「強化学習」

「またやりたい」と子どもに思わせるには、その物事がうまくできたなどの達成感を得ることが大切です。それを繰り返すことで、さらに上達し、うまくできるようになるのです。

砂場で造形に夢中
うまくできた！
工夫したところをほめられた
ドーパミンが放出され、快感を得る
また遊びたいと思う
強化学習のサイクル

23

「〜なところがすごいね！」と、子どもの長所を認め、ほめている

子どもの短所は、長所でもある

子どもはとても愛らしい存在ですが、日々接していると、ついつい短所に目を向けてしまうのが、人の性《さが》です。短所も含めて子どもを丸ごと受け止めよう、短所を受け流そうと言われても、なかなか簡単なことではないですよね。

そこで取り入れたいのが、子どもに対する見方を少し変えるだけで、子どもの長所が伸びて、短所が気にならなくなる「長所伸展法」です。子どもの短所を受け流すには、他のよい部分に目を向ければよいのです。

「色の白いは七難隠す」をもじって、「人の長所は七短隠す」ではないですが、

Check

大きな長所は短所を隠してくれます。親がするべきことは、短所を直すことではなく、長所に気づき、そこに注目してあげることなのです。

それに、見方を変えれば、短所と長所は表裏一体。いうなれば、その子の特徴の一つです。ですので、見方を変えるだけで、短所は長所にもなり得ます。

・すぐカッとなる　↓　情熱的、感受性豊か

・気が弱い　↓　控えめ、優しい、人を大切にできる

などなど。ほんの少し見方を変えるだけで、短所は気にならなくなるどころか、同じ特徴を長所として捉え、長所として伸ばすことができるようになります。

その結果、親は子どもを丸ごとプラス（ポジティブ）に受け止められ、穏やかに子育てができるようになり、ひいては子どもの自信とやる気を高めるために、のびのびと接することができるようになるのです。

また、ポジティブ心理学では、自分の強みを意識すると、幸福度が高まることがわかっています。まずは、親が子どもの長所に気づき、本人にその長所を伝えましょう。そうすれば、子ども自身が長所を意識するようになり、自信とやる気を身につけ、長所をさらに伸ばすことができます。

短所は長所でもある

親が短所だと思っている性質も、捉え方や見る人が変われば、どれも長所になり得るものです。試しに自分の子どもの短所を書き出してみて、長所に言い換えてみましょう。

親の見方を変えるだけで幸福度が変わる

短所		長所
カッとなる	→	情熱的、感受性豊か
気が弱い	→	控えめ、優しい、人を大切にできる
あきっぽい	→	好奇心旺盛、興味深々
のんきな	→	こだわらない、マイペース
片付けられない	→	興味の幅が広い、次々とたくさんのことに着手する

24

「勉強しなさい」と言わずに、「なぜ勉強するのか」を伝えている

〝知る・学ぶ〟ことに喜びがあることを伝えよう

いつまでも遊び続けるわが子の姿にイライラして、ついつい口をついて出てしまう言葉、「勉強しなさい！」。この言葉には、効果があるのでしょうか。

自身も東大出身で、息子2人も東大へ進学したOさんは、子どもに対して「勉強しなさい」「宿題をしなさい」など、「〜しなさい」ということは、一切言わないと決めていたといいます。

「馬を水辺に連れていくことはできても、（馬が飲みたいと思わなければ）水を飲ませることはできない」というイギリスのことわざにあるように、本人がやり

Check

たいと思わなければ、やらせることはできないからです。

娘が県立高校からハーバード大学へ進学したKさんも、「早く〜」や「〜しなさい」といった言葉は使わなかったといいます。

なぜなら、そういった言葉を使うと、そうするように伝えたことが、イコール「やりたくない嫌なこと」であるというイメージでつながってしまうからです。こういった指示・命令の言葉を使えば、一時的には親の言葉に従うかもしれませんが、その後、やる気を持って自主的に取り組むことはなくなります。

また、4人の子どもが東大理Ⅲ（医学部）に進学したSさんは、「子どもに『勉強しなさい』と言えば母親の気持ちは収まるけれど、それは自己満足にしかなりませんよね」と言います。それよりも、「今から15分だけプリント3枚しようね」などと、具体的な数字を入れて、やることを伝えていたそうです。

実際に、現役東大生を対象とした数々の調査結果によると、6〜7割の学生が、親に勉強しなさいと「言われなかった」と答えています。女子に限っていえば、9割以上が「言われなかった」と回答しています。

慶応義塾大学の調査によると、単に「勉強しなさい」というよりも、実際に横について勉強を見たり、勉強する時間を決めて守らせたりするなど、手間ひまをかけたほうが、勉強への意欲が膨らむことがわかっています。

さらにいうと、子どもに「勉強しなさい」と言うのではなく、「なぜ勉強するのか」について、子どもに伝えてほしいと思います。

もし私が、「なぜ勉強するのか」と聞かれたら、こう答えるでしょう。

①知る喜び・学ぶ喜びを味わうため

②自分を成長させるため

③よりよく人の役に立つため

学ぶこと自体に大きな喜びがあり、その喜びを味わいながら、自分をますます成長させ、社会によりよく貢献していく――。勉強、すなわち学びには、自他を幸せにし、社会を発展させるポジティブかつ大きな力があるのです。

一度子どもが「学び好き」になったら、それはその子の一生の財産となります。「勉強しなさい」と言う代わりに、「なぜ勉強するのか」を子どもに伝え、「学び好き」の子に育んであげましょう。

25

お手伝いをしたときに、ご褒美としてモノを与えていない

報酬は、人助けをする喜びを失わせる

お手伝いとご褒美の関係について調べた認知心理学者・マイケル・トマセロ博士による、興味深い研究があります。

その実験では、1歳8か月の子どもたちを3つのグループA・B・Cに分け、その子どもたちそれぞれに、大人がペンや紙くずを下に落とし、机越しに取れずに困っている姿を見せます。すると、子どもは落としたものを拾って渡してくれますが、子どもがその人助けをするたびに、

・グループAの子どもには、小さなおもちゃをあげた

Check

・グループBの子どもには、「ありがとう、〇〇ちゃん」と伝えた
・グループCの子どもには、受け取るだけで何のリアクションもしなかった

という対応を、それぞれ5回以上繰り返しました。

その後、すべてのグループで、子どもが人助けをしても何のリアクションもしないようにしました。

すると、グループBとCの子どもたちは、引き続き人助けをしましたが、小さなおもちゃをご褒美にもらっていたグループAの子どもたちだけが、明らかに人助けをする割合が減りました。なぜでしょうか？

人は本来、人助けをすると喜びを感じるようにできています。このような内から自然と湧き上がる喜び（内的報酬〔内発的動機のもと〕）があるから、BとCの子どもたちは人助けを続けました。

しかし、Aの子どもたちは人助けの報酬としてモノ（外的報酬）をもらったので、人助けの行為がモノをもらうための仕事になってしまいました。だから、その後モノが得られなくなったら、人助けをしなくなったのです。

このように、喜んでしていることにご褒美を与えることで、内なる喜びが感

じられなくなり、やる気が失われてしまう現象を「アンダーマイニング効果」といいます。お手伝いはその行為自体に喜びがあるので、ご褒美にモノを与えないほうがよいことがわかります。

また、幼稚園児による自発的な遊びについても、「アンダーマイニング効果」が生じ、事前にモノ(外的報酬)をあげる約束をしないほうがいいことが、別の研究でわかっています。ですので、どうしてもご褒美をあげたいなと思ったときは、モノよりも、「ここがよくできているね」「よくがんばってるね」などと、プロセスや努力を認め、ほめる言葉をかけるようにしましょう。お手伝いなどをお願いしたときも、感謝の言葉を伝えるといいでしょう。

子どもにとって最大のご褒美は、親に認められることです。その中でも特にパワフルなのが感謝です。子どもが3~4歳になったら、「お手伝いしてくれたらうれしいな」と声をかけ、手伝ってくれたら、「ありがとう」と感謝の気持ちを伝えましょう。そうすれば、依頼とお礼といったコミュニケーションの基本が学べるとともに、お手伝いに喜びを感じながら取り組み、その後も再びお手伝いに取り組んでくれるようになります。

第3章 『共感力』の育て方

グローバル化の進む現代を生きる子どもたちが、
やがて大人になるころには、
多種多様な文化背景を持つ人々と仕事をしたり、
生活したりするのが当たり前になっていることでしょう。
そこで必要とされるのは、「他人を理解する力」と
「自分を主張する力」とを併せ持つ「共感力」です。
共感力の育て方のコツを見ていきましょう。

26

絵本の読み聞かせをたくさんしている

情緒豊かで落ち着いた子を育てるために

ＥＱＷＥＬチャイルドアカデミーでは、言語能力のみならず、イメージ力やコミュニケーション能力を高め、子どもの世界を広げる効果的な取り組みとして、胎児期・赤ちゃん期からの「絵本の読み聞かせ」を推奨しています。早くから読み聞かせをすることで、情緒豊かで、言語能力に優れた子に育ちます。

実際に、東大生の親の8割以上が0歳（35％が生後3か月未満）から絵本の読み聞かせを始めており、「ほとんど毎日」読み聞かせをしていた家庭は約7割と、一般家庭に比べて2割ほど高かったという調査結果があります。

Check

できている……….「○」
どちらでもない….「△」
できていない…….「×」

小学生6000人を対象とした大規模調査では、学力の高い子どもたちの親の接し方には、次の共通点があったと報告されています。

①子どもが小さいころ、絵本の読み聞かせをした
②家には本（マンガ・雑誌を除く）がたくさんある
③親に言われなくても、子どもは自分から勉強をしている
④子どもが英語や外国の文化に触れるよう、意識をしている

また、東大生の家庭では、小学生になっても本の読み聞かせを続けていた親が多く、そういった働きかけのおかげか、東大生184人を対象としたアンケートでは、86％が小学生のときに「読書好きだった」と回答しています。

さらに読み聞かせは、親子のよいコミュニケーションの機会となり、絆を強め、心を豊かに育むきっかけにもなります。絵本の読み聞かせの脳活動を調べた研究によると、聞き手の前頭前野における血流減少が見られたことから、聞き手は心が癒やされて、精神的に落ち着いていると考えられるとのことです。

親が読み聞かせをすることで、子どもの心は落ち着き、共感力が豊かに育まれていくのでしょう。そして、それが高い学力を培うベースとなるのです。

27

話をよく聞いてから、自分の考えを伝えるようにしている

Check

話を聞くことが、子どもの自信を深める

子どもが勉強好きになるには、ほめることも大切ですが、それ以上に「親が子どもの話に耳を傾ける」ことが大切です。

親に自分の話を聞いてもらえると、子どもは自分を受け止めてもらえたと感じて安心し、心が落ち着き、安定します。

また、自分の話が通じたことに喜びを感じ、自信がつき、もっと上手に話そうと脳がフル回転します。その結果、知識欲が増し、勉強にも意欲が湧いて、学ぶことがおもしろくなるのです。

現役東大生184人を対象とした調査では、90・7％が「親は自分の話を聞いてくれた」と回答しており、73・4％が「勉強が好き」と答えています。

ベネッセ教育総合研究所の一般の子どもたちを対象とした調査では、「勉強が好き」と答えたのは、小学生で62％、中学生で37・6％なので、東大生の7割以上が勉強好きというのは、いかに高い数字であるかがわかるでしょう。

しかも、東大生で「勉強が好き」と答えた学生では、実に96％が「親は自分の話を聞いてくれた」と答え、東大生の中でもグッと率が上がっています。ということは、子どもの話をしっかりと聞くことが、子どもの自信を深め、勉強好きにするベースをつくるために、いかに重要かがわかります。

子どもの話を聞くときは、子どもに寄り添い、その対象について一緒に話し（遊び）ます。前述した「3つのT」の「チューン・イン」です（67ページ参照）。

それに続いて、「トーク・モア」、すなわち多様な言葉をたくさん話し、「テイク・ターンズ」、すなわち交互に話すようにすると、子どもの言葉が増え、脳が発達します。

また、親としての意見がある場合も、その考えを伝えるのは、子どもの話をしっかりと聞いた後にします。伝える際には、「〜しなさい」「〜したらダメよ」といった命令・禁止ではなく、「〜したらいいと思うよ」「〜してみるのはどう?」というような助言・提案（促し）の形で伝えることを心がけましょう。

これを続けると子どもの自制心が伸び、反対に命令・禁止の言葉が自制心を抑えてしまうことが、多くの研究からわかっています。

ただし、子どもが幼いときであれば、単刀直入でわかりやすい命令・禁止は、子どもが決まりを学び、適切な行動を身につけていくことにつながることもあるので、すべてが否定されるべきものでもありません。

あるビジネスの研究では、一つのネガティブな言葉や行動の悪影響を打ち消すには、3倍以上の量のポジティブな言葉や行動が必要だということがわかりました。つまり、命令・禁止・批判のようなネガティブな言葉かけをしたときは、その3倍以上、ポジティブな言葉かけをするとよいということです。

家族も一つのチームです。チームの生産性を上げる、すなわち家族がいきいきと楽しく力を発揮する円満な家庭を築くためには、ほめや助言、援助など、ポジティブな言葉や行動の比率を意識するように心がけましょう。

子どもの脳を発達させる〝3つのT〟

乳児期に効果的な言葉かけとして提唱されている〝3つのT〟。子どもの興味に寄り添い、耳を傾け、多様な言葉を使い会話をすることで、子どもの言葉が増えて、脳が発達します。

3つのT

❶チューン・イン "Tune In"
…… 子どもの興味に寄り添って一緒に話す（遊ぶ）

❷トーク・モア "Talk More"
…… 多様な言葉をたくさん話す

❸テイク・ターンズ "Take Turns"
…… 親子で交互に話すようにする

子どもの話をよく聞き、たくさん会話をしましょう。
意見があるときは、提案・助言の形で伝えましょう。

28

子ども同士でけんかをしたとき、相手がどういう気持ちだと思うかを話している

自分と相手の状況を客観視し、共感力を育む

「おもちゃ返してよー!」「やだ!」「○○ちゃん、きらい!」

まだまだ自分をコントロールできない子どもたち。子どもが何人か集まったら、どこかで起こってしまうのが子ども同士のけんかです。親や先生が止めに入ることもあれば、大事に至らないものは、あえて見守ることも必要でしょう。

子ども同士がけんかをした後は、相手の子どもがどんな気持ちだったと思うか、自分の子どもに聞くようにするといいでしょう。すると、子どもは相手と自分を切り分けた上で相手の心の状態を想像し、理解できるようになります。

Check

最初の例でいえば、自分はおもちゃを取られて悔しいのですが、その悔しさを脇に置いて、相手がどんな気持ちだったのかを想像してみます。

「おもちゃで遊びたかったのかな」「一緒に遊びたかったのかもしれない」

このように、相手の子どもがどんな気持ちだったのかを聞くと、子どもの心に共感力が育まれ、思いやりのある子に育ちます。

このときに、子どもの脳の中で働いているのが、「メンタライジング・システム」です。これは、相手と自分の心が独立したものであることを理解しながらも、相手の心に視点を持っていき、相手の心の状態を推定することができる、いわば客観視・俯瞰《ふかん》視のシステムです。

人は目の前のことに気を取られて感情的になると、周りが見えなくなり、視野が狭くなります。しかし、このメンタライジングをすることで、自分と取り巻く状況を客観視でき、視野を広げて冷静に考えられるようになるのです。

かつて私は、オリンピック選手や学生、一般人を対象に、メンタルトレーナーとして仕事をしていました。客観視・俯瞰視はメンタルトレーニングにおいて重要な取り組みです。この三人称からの視点を身につけるために、自分を、周りを客観視するイメージトレーニングをたびたび取り入れていました。

子どもは3歳ごろから、自分が見ている世界と他者が見ている世界が異なる場合があることを理解し始めます。徐々に自分と他人の視点や信念が異なることがわかり始め、5歳ごろにはほとんどの子が理解できるようになります。とはいえ、相手の視点や気持ちが理解できることと共感できることとは別物です。

脳には、相手に自分を重ねて、相手の感情を理解するときに働く「ミラーニューロン・システム」というものがあります。他人が梅干しを食べてすっぱそうにしているのを見て、食べていないのに唾液が出てくる、友だちが転んで泣いているのを見て、その子の痛みに共感する――そういうときに働くシステムです。客観的に相手の視点に立ち、相手の気持ちに共感し、相手を思いやる。

思いやりとは、「他の人の苦しみを感じ取って、どうやって気分をよくしてあげるといいかを考えてから、苦しみを減らすための行動を起こす」ことです。「メンタライジング・システム」と「ミラーニューロン・システム」をバランスよく活用し、共感力を育み、思いやりのある子に育てるために、けんかをしたときには、相手の子どもがどんな気持ちだと思うかを聞くようにしましょう。

相手への客観視・共感のシステム

相手の心の状態を客観的に想像する「メンタライジング・システム」と、相手の心に共感する「ミラーニューロン・システム」を活用し、共感力が高く、思いやりのある子に育てよう。

メンタライジング・システム

友だちが悲しんでいるのは、大好きなおもちゃの車で遊びたかったからだな、と相手の状態を客観視し、想像する。

ミラーニューロン・システム

友だちが泣いているのは、大好きなおもちゃの車が壊れてしまったからだなと理解し、相手の痛みに共感する。

29

よく「ごっこ遊び」をしている

ロール・プレイングがリーダーシップを育てる

おままごとやお医者さん・お店やさんごっこ、乗り物ごっこに鬼ごっこ、戦いごっこなどなど。子どもが空想の中の人物になりきって遊ぶ「ごっこ遊び」は、2歳ごろから始まり、4〜5歳ごろにピークを迎え、小学生になるころに減少していきます。

この「ごっこ遊び」は、子どもの成長にはなくてはならない遊びです。「ごっこ遊び」をすることで、イメージ力（想像力&創造力）やコミュニケーション能力、表現力に加え、ルールを守るといった社会性など、様々な能力が身に

Check

つくとされています。

近年、この「ごっこ遊び」が、脳の「実行機能（executive function）」の発達を促進することがわかってきました。

実行機能とは、何らかの目標を達成するために、優先すべきことに指示を出す能力です。会社でいえば、会社の方向性を決めてスタッフに指示を出す社長、オーケストラでいえば全体をまとめる指揮者の能力に対応します。

学力や学校での振る舞いなどに強い影響力を持ち、まさに仕事に必要な能力ですが、この実行機能は、自制心と関連し、幼児期から発達し始めることが、世界中で報告されています。

また、「ごっこ遊び」以外にも、運動やルールのある遊びも「実行機能」を高めることがわかってきています。

「ごっこ遊び」は体を動かしますし、想像の世界の設定内ではありますが、ルールに基づいて役割を演じるので、「実行機能」が高まるというのは頷けることでしょう。

「ごっこ遊び」では模倣のためのミラーニューロン・システムや、客観的に全体と自分を見て、考え判断し、適切な社会性を発揮するためのメンタライジング・システムも働くので、これらの脳部位が持つ共感力（社会性）が高まるのはいうまでもありません（107ページ参照）。

子ども150人を対象にした調査によると、「演劇」を取り入れた早期教育プログラム「ツール・オブ・ザ・マインド」を受けた子どもは、プログラムを受けていない子どもよりも、「実行機能」のテストで30〜100％近く高得点になったといいます。

さらには、「演劇」をした子どものほうが、言葉を流暢《りゅうちょう》に使い、創造的で、問題解決力が高く、ストレスが少なく、社交的であるという特徴がみられました。「ごっこ遊び」の延長にあたる「演劇」が、子どもの脳の発達によい影響をもたらすことが証明されたということです。

このように、「ごっこ遊び」は、子どもの成長にとてもよい影響を与えます。子ども同士のみならず、親子で一緒に想像（創造）の翼をはためかせながら、また役割をときどき変えながら、たくさん遊んであげたいものですね。

30

話しかけてきたときはまず、「そうだよね」と子どもの気持ちを受け止めている

「共感」が信頼と安心を生む

ＥＱＷＥＬ卒業生で、慶応義塾大学卒業後、２０２０年から某テレビ局のアナウンサーとなったＯさん。アナウンサーの採用試験では、３０００倍の倍率をくぐり抜けて見事合格しました。後に人事部長に聞いたところ、採用の決め手になったのは、Ｏさんの「共感力」だったとのことです。また、いつも自然体な人柄も評価されたそうですが、この豊かな共感力や人柄は、Ｏさんの母親の「ある習慣」で育まれたようです。

その習慣とは、子どもが自分の思いや考えを話したときに、まずは「そうだ

Check

よね」と、子どもの気持ちを受け止めることでした。子どもが話をしたときに、まずは「そうだよね」と子どもの気持ちをそのまま受け止めると、子どもは自分を丸ごと受け入れてもらえたと感じて、安心します。

この「そうだよね」の後に、1つだけ質問を付け加えると、子どもは思っていること、感じていることをさらに話してくれるようになります。その話をしっかりと聞き、聞いたことを要約して繰り返した後に、また1つだけ質問を加えて、さらに詳しい話を聞く――。これを繰り返すと、子どもと深いコミュニケーションが取れ、お互いに共感力が増し、親子の絆が強まるのです。

これはカウンセリングで使われている手法を子ども向けに応用したもので、EQWELでは「繰り返し問答法」と呼んでいます。

このような「安心して何でも言い合えると感じる状態」のことは「心理的安全性」とも呼ばれています。

近年、Google社が「効果的なチームを可能とする条件は何か」を見つける目的で行ったプロジェクトの研究結果として、「心理的安全性」が生産性の高いチームづくりに、最も重要であると発表しました。それ以来、国内外で、この「心理的安全性」が注目されるようになりました。

「心理的安全性」は、「メンバー一人ひとりが安心して、自分が自分らしくそのチームで働ける」ことも含みます。自分らしく働くとは、まずは自分の強みや弱み、好みやタイプなどを知る「自己認識」を深めた上で、「自己開示・自己表現」をしながらいきいきと働けるということです。家族もチームなので、この「心理的安全性」が高い家庭にできれば、家族のみんながフルに実力を発揮し、それぞれが自分の能力をいきいきと伸ばしていけるようになります。

Oさんの母親は今、EQWEL教室の小学生クラスで先生をしていますが、子どもたちの継続率はダントツで高いのです。子どもたちはきっと、「そうだよね」と何でも共感し、受け止めてくれるに先生に安らぎを感じて、そばにい続けたくなるのでしょう。

他にもアメリカでは、中学校教師の「共感力」が生徒の停学率を下げたり、医師の「共感」で患者の免疫力が上がったという研究報告があります。

人を引きつけてやまない「共感力」。子どもの話を受け止め、安心感を与えることで、子どもはのびのちと育ち、持ち前の魅力を開花していくのです。

31

「うれしいね」「つらかったよね」と、子どもの気持ちを言葉にしてあげている

親が子どもに代わってストレスに対処する

同じ年ごろのお友だちにおもちゃを取り上げられて泣き出したり、見たかった動画を途中で止められて泣き出してしまったり。親が近くにいないことに気づいて泣き出したり、眠くなって泣き出したり——。

子どもの感情はいつも上がったり下がったり、日々忙しくしています。目まぐるしく変わる子どもの感情ですが、その感情に合わせて一つひとつ丁寧に、「悲しいね」「うれしいね」「つらかったよね」と、子どもの気持ちを言葉にしてあげましょう。そうすることで、子どもは安心し、自分の感情を言葉で

Check

表現するすべを学び、徐々に感情をコントロールできるようになっていきます。

逆に、子どもが感情的になったときに、「大したことないよ」「泣きやまないと相手にしないよ」といったように、子どもの感情を軽く見たり、遠ざける対応をしたりすると、子どもはさらに爆発して泣きわめいたり、心を閉ざして本当の気持ちを隠したりするようになります。自分の感情にどう折り合いをつければいいのかわからず、コントロールするすべを学ぶこともできません。

子どもが感情的になるときには、脳の大脳辺縁系にある扁桃体が活性化しています。この扁桃体の活動は、理性を司る大脳新皮質の前頭前野が扁桃体とネットワークを形成してコントロール（抑制）しています。

しかし、前頭前野の発達が終わるのは20代後半で、乳幼児期の前頭前野はまだまだ未熟です。乳幼児期にストレスがかかって感情的になると、その未熟な前頭前野ではストレスに対処できないため、親が子どもをなだめ、前頭前野の代わりをする必要があるのです。そうして、子どもが落ち着きを取り戻すことにより、アタッチメント（愛着）が形成されていくのです。

ところが、様々な理由で幼少期に不適切な養育経験を経る（親が子どもの前頭前野の代わりをしてあげないでいる）と、子どもは一人で恐怖や不安に向き合うことになり、前頭前野を無理に早く発達させ、扁桃体はいびつに発達してしまいます。すると、恐怖刺激に対する学習が早まって、幼少期の恐怖経験の記憶が消えにくくなってしまいます。その結果、思春期を早く迎える上、そのころに、精神疾患を生じやすくなるのです。

恐怖や不安に対処する脳のネットワークは、幼少期を中心に子どもが自立するまでの間、親の世話を通じて、ゆっくりと時間をかけて柔軟に発達させていくべきものです。そうすれば、子どもは徐々に自分のペースで、そういったマイナス感情を自力でコントロールするすべを学ぶことができます。

また、前頭前野がゆっくりと発達したほうが、ＩＱが高くなるという研究報告もあります。安心感をたっぷりと与えてあげることは、心のみならず、頭の発達にもよい影響があるのです。

子どもが感情的になったときには、寄り添いながら、子どもの気持ちを受け止め、気持ちを言葉にしてあげましょう。子どもの脳と心の健全な発育のためにも、習慣化したい取り組みです。

〝共感〟されて〝共感〟を学ぶ

親が子どもの感情を言葉にして、子どもが心の深いところで共感してもらえたと感じれば、子どもの共感力は増し、同じように感情が乱れた子に共感できるようになります。

共感してもらえた体験を繰り返すことで、子どもは同じように相手に共感できるようになります。

32

頼みごとに応えてくれたときに、感謝の気持ちを伝えている

心からの「ありがとう」を伝えよう

子どもに頼みごとをするときの効果的な動かし方には、昔から男女差があるといわれています。

男の子の場合は「ＳＯＳ」が効果的といいます。さすが（Ｓ）、教えて（Ｏ）、すごい！（すばらしい！）（Ｓ）の頭文字を取ったものです。こういった言葉でほめられ、頼られ、おだてられると、男の子は動き出してくれます。

一方、女の子は「ＡＵＴＯ」が効果的。ありがとう（Ａ）、うれしい（Ｕ）、助かった（Ｔ）、おかげで（Ｏ）の頭文字を取っていますが、このように感謝されたり、

Check

喜ばれたりすると、動いてくれるといいます。

これらは様々な事例や調査から浮かび上がった傾向ですが、こういった男女差にはもちろん個人差があります。赤ちゃんのころから、男の子は車や電車などの動くものに、女の子は人形やぬいぐるみなどの人間関係的な要素があるものに興味を持ちます。ただし、その割合はやや傾向があるかなといった程度の違いなので、個人差のほうが大きく表れる場合があります。昨今はＬＧＢＴなど、個人の多様性も認識されてきているので、個人差はなおのこと大きくなっている気がします。

それでも変わらないのは、頼みごとをやってくれたときに「感謝」の気持ちを伝えるということです。どこの国の人であろうと、合掌したり頭を下げたりすれば、感謝の気持ちが伝わります。笑顔が好印象を与えるのも万国共通です。

子どもが頼みごとに応えてくれたときには、すぐに「ありがとう」「おかげで助かったわ」と感謝の気持ちを、笑顔を添えて伝えましょう。さらには、「さすが！」「すごいね！」というほめ言葉を具体的な理由とともに伝えれば、次は自分から「何かお手伝いいない？」と聞いてくるかもしれませんよ。

33

親が間違っていたことに気づいたときには、子どもに「ごめんね」と謝っている

謝ることは、子どもを人間として尊重すること

親である自分が間違っていたと気づいたときに、親としてのプライドから子どもに謝りたくなくて、自分の間違いをうやむやにしたり、屁理屈をこねて正当化したりしてはいないでしょうか?

もし、自分が間違っていると気づいたら、素直に「ごめんね」と謝りましょう。そうすることで、子どもは親でも間違うことがあるということがわかります。また、自分が間違ったときに、どう謝ればいいかを学びます。そして何よりも、自分が同じ人間として尊重されていると感じることができます。

Check

このように、幼少期から「子どもを一人の人間として尊重する」ことは、子どもの才能を伸ばし、将来活躍していくように育むための、大きなカギとなるでしょう。

息子が灘高校からイエール大学に進学したKさんや、自らも東大卒で息子が2人とも東大に進学したOさんは、子どもを一人の人間として尊重し、考え方が違っていても子どもの思いや意思、主体性を大切にして育てたといいます。

現役東大生184人を対象とした調査では、86・5%が「(何かを決める際)親は自分の意見を聞いてくれた」と答えました。小中学生のころから勉強好きだった学生に至っては、100%の親が意見を聞いてくれたといいます。

こういった調査からもわかるように、子どもの才能を伸ばし、将来活躍するように育んだ親は、子どもの自主性や価値観を大切にしています。

子どもの自主性を大切にするという点では、現役東大生は平均して約3分の2が親から「勉強しなさい」と言われなかった、という数々の調査があります。勉強しなさいと言われなかったからこそ、この子たちは勉強嫌いにならなかったのでは、と私は考えます。なぜなら、親が「勉強しなさい」と言うと、勉強は強制されなければやらないくらいおもしろくないものである、ということを、子どもの意識に植えつけることになるからです。

逆に、自主性を尊重され、命令や禁止が少ないと、自分の好きなことをとことん追求し、集中力がグングン伸びます。学ぶこと自体の喜びを知り、遂には「夢中力」が身につきます。

「夢中力」が身についた子どもたちは、遊びたいことや、やりたいことがたくさんあるので、それらに時間をかけたいために、勉強や宿題を短時間で済ませるようになります。集中力があるからできることともいえますし、そのように時間を使うから、さらに集中力が増していく、ともいえるのです。子どもは何かに夢中になっているときに、最も才能を伸ばしていくということは前述したとおりです。

前項のお礼を伝える「ありがとう」と、この間違いに気づいたときの「ごめんなさい」は、人としての基本でもあります。

心も才能も豊かに、将来活躍する子に育てるためにも、自分が間違っていると気づいたときには、親も素直に「ごめんね」と謝りましょう。

34

子どもがしたことに対して、自分がどう感じたかを伝えている

思いを伝えることが、共感力を育む

兄弟げんかでおもちゃの取り合いが始まり、お兄ちゃんがイラッときて、下の子をたたいてしまいました。

そんなときに、

「イラッとしたからって、たたくのはやめなさい！」

と、自分も怒って（声を荒らげて）、ただ禁止・命令をしてはいませんか？

もちろん、即座に悪い行為をやめさせるために、禁止・命令をするのは必要なことです。ですが、問題や失敗は「教え、諭すチャンス」でもあります。た

Check

だ悪い行為をやめさせようとするのではなく、

「イラッとするのは構わないけど、たたかないで済む、他の方法はないかな?」

と子どもに聞き、子どもが今後も悪い行為をしないで済むように、自力で解決できる方法を一緒に考え、そのスキルを身につけさせてあげましょう。

また、こういったときに、子どもの共感力を育てるために効果的な方法があります。

それは、自分を主語にして話す「I（アイ）メッセージ」です。Iメッセージとは、相手を批判したり否定したりせずに、自分自身の気持ちを中心に、どう感じているか、その理由は何であるかを伝えながらコミュニケーションを取る方法です。

お兄ちゃんに、

「あなたは、なんでいつも〇〇ちゃん（弟）のことをたたくのよ!」

と責めるのではなく、

「〇〇ちゃん（弟）をたたくのを見ると、私は悲しくなってしまうのよ」

と、自分が感じたことを伝えるようにしましょう。そうすると、次から子どもは、親を悲しませてはいけないと思うようになります。

そして、Iメッセージを伝えた後に、「たたく以外の方法はないかな？」と聞いて解決策を一緒に考えます。そのときに、「自分は別のおもちゃで遊ぶ」とか「〇〇ちゃんには別のおもちゃを渡す」といった解決策が見つかれば、その後は同じような状況になっても、弟をたたかずにいられるスキルが身につきます。

さらには、Iメッセージを使うと、子どももIメッセージの使い方を学び、自分の感情を言葉で伝えることができるようになり、思いやりのあるコミュニケーションが取れるようになるのです。

子どもが感情的になり、悪い行為をしてしまうのは、ただ単にこういったコミュニケーション上のスキルや感情を伝える言葉や方法を知らない、身につけていないというケースが多いものです。

子どもが困ったことをしたときは、「Iメッセージ＋コミュニケーション（伝達）スキルの手ほどき」を心がけましょう。

地道に続ければ、子どもが感情をコントロールする力とコミュニケーション能力が育まれ、共感力の高い子どもに育っていきます。

子どもがよくないことをしたときに

子どもが悪いことをしたときには、行動を否定し、気持ちを伝え、次にどうすればいいかを助言しましょう。頭ごなしに禁止・命令をするだけでは、伝えたいことは伝わりません。

Iメッセージ
ものを大事にしないと、ママは悲しいよ
提案・助言
嫌な気持ちになったら、まず話してみよう
行動を否定
ものを投げるのはよくないね

35

体を使った「ふれあい遊び」や「じゃれつき遊び」をよくしている

脳を活性化させ、集中力を高める

近年、テレビゲームや動画視聴などが生活の一部となり、遊びの形が変わってきています。また、親が忙しく、体を使って一緒に遊ぶ機会が減っています。そこで今、子どもの脳活動を高め、心と体を健康にする「じゃれつき遊び」が注目されています。子ども同士、もしくは大人と子どもで、全身を使ってじゃれ合う遊びです。

この「じゃれつき遊び」を40年以上続けている栃木県のさつき幼稚園における調査（日本体育大学が実施）によると、「じゃれつき遊び」をした子どもたちは、

Check

脳の前頭葉が活発に活動し、「興奮」と「抑制」の切り替えが早くなり、集中力が増したとのことです。「じゃれつき遊び」を続けた子どもたちはなんと、年長（5〜6歳）のときに、小学校中〜高学年（9〜12歳）並みの脳の「興奮」と「抑制」のコントロールができる子が多かったそうです。

また、文教大学の研究においても、8分間の「じゃれつき遊び」をすることで、支援学級の子どもたちの脳機能を短時間で活性化することが期待できるという結果が得られました。しかも、子どものみならず、相手をした大人の脳機能も活性化されたということです。

子どものコミュニケーション能力や社会性の向上、発達障がいの子どもたちの脳機能向上の効果が期待されたため、日常生活の中で意識的、積極的に「じゃれつき遊び」を導入することが勧められているのです。

「じゃれつき遊び」とは、「スキンシップを含むすべての遊び」で、触れ合うことも含みます。抱っこやくすぐりもその一つ。「型」や「ルール」などはありません。子どもと関わる中で、自由につくり出していってください。まずは1日5分「じゃれつき遊び」をする時間をつくってほしいなと思います。

子どもとやりたい「じゃれつき遊び」

脳を活性化させ、興奮と抑制をコントロールできるようになる「じゃれつき遊び」。ご自宅でできるお勧めの遊びをいくつかご紹介します。

親子でボートこぎ

❶ 親は足を伸ばして座り、子どもは親の上に両脚を開いて向かい合って座ります。

❷ 親子で両手をつなぎ、親が前かがみになり、子どもが仰向けになって寝ます。

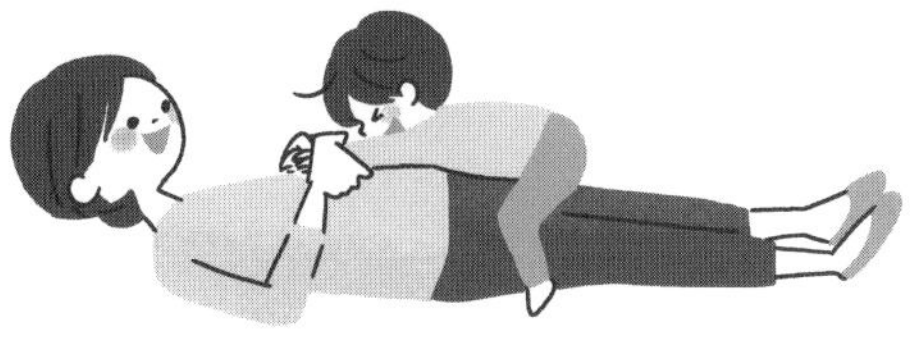

❸ 次に、子どもが前かがみになり、親が仰向けになって寝ます。これをリズミカルに繰り返します。

パパママ☆ジェットコースター

子どものひざの下に手を回し、抱きかかえます。そのままジェットコースターのように、左右に揺れたり、上げたり下げたりして遊びましょう。

おうまさんヒヒーン

❶ 親が四つんばいになり、子どもが親の背中の上に乗ります。親が上体を上げ、ヒヒーンと鳴いたりして遊びましょう。

❷ 大人2人の背中の上を乗り替えっこしても楽しいですね。

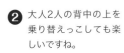

第4章 『自制心』の高め方

大きな目的のために、思考や感情を
コントロールする力である「自制心」。
将来活躍する子の共通項として、数々の研究から
浮かび上がってきたのは、この能力の高さでした。
幼少期は、この「自制心」が最も急激に伸びる時期です。
どうすれば高めることができるのか、
親ができることは何でしょうか。

36

わがまま放題にさせていない

感情や要求を「我慢」する練習をさせよう

子どもの将来に大きな影響を与える能力として、昨今注目されているのが「自制心」です。幼少期に自制心を強化するのが重要であることは、今や世界の常識となっています。

自制心とは「自分をコントロールする力」のことで、子どものときにこの能力が高いと学力や社会性が高くなり、大人になったときに経済的に成功し、健康状態もよい可能性が高いことがわかっています。

ニュージーランドで、１０００人の子どもを生まれたときから追跡調査を

Check

できている……….「○」
どちらでもない….「△」
できていない……..「×」

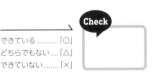

したところ、11歳くらいまでの自制心の高さが、32歳になったときの健康状態や年収、職業の質、さらには犯罪の程度（少なさ）まで予測できることが示されました。

逆に、幼いころに自制心に問題を抱えると、幼少期だけではなく、将来に様々な問題を抱えることも、数々の研究からわかっています。

自制心の中でも特に「目標を達成するために、自分の欲求や考えをコントロールする能力」は「実行機能」(executive function) と呼ばれています。目標の設定や達成に関わる能力のことです。

実行機能は自制心と似ていますが、自制心は自分をコントロールすること全般に主眼を置いているのに対し、実行機能は目標を達成することに主眼を置いています。

近年、世界的に子どもの実行機能の研究が増えていて、実行機能は幼児期に著しく発達し、小学生以降も緩やかに発達することがわかっています。脳の部位でいうと、実行機能の中枢は前頭葉の前方に位置する前頭前野にあり、前頭前野の発達とともに、実行機能も発達していきます。

また、実行機能はＩＱよりも子どもの将来に影響を与える可能性があり、ＩＱよりも家庭環境や教育の影響を受けやすいこともわかっています。

では、どうすればこの実行機能を含めた自制心を高め、子どもの将来を明るくポジティブなものにできるのでしょうか。

そのためには、子どもをわがまま放題にさせない「しつけ」が必要になります。しかし、2歳以下の子どもは、感情や衝動的な欲求を我慢することはできません。親がなだめたり、うまく意識を切り替えたり、環境を整えたりする必要があります。

たとえば、2歳以下の子どもは、目の前に好きなお菓子や食べ物があると、待つことも我慢することもなく、すぐに手を伸ばしてしまいます。2歳ごろから少しずつ待てるようになり、3〜4歳になると待つことができる時間が伸びていきます。そして幼児期以降も発達は続き、小学3〜4年生ごろになると、明日ならお小遣いが倍になるといえば、翌日まで待てるようになるのです。

このように、年齢的な要素はありますが、わがまま放題させずに、年齢とともに、徐々に我慢させる機会を設けましょう。

目標を達成させるための〝実行機能〟

目標達成のために自分をコントロールする「実行機能」は、3つの要素で構成されています。実行機能が発達していると、たくさんの活動ができ、目標達成に近づいていけます。

習い事という目標のために

❶抑制機能
……今している活動をやめる

❷注意の切り替え
……新しい活動に注意を切り替える

❸情報の更新（ワーキングメモリ）
……活動に集中して頭の中の情報を更新する

37

幼児期にテレビ・スマホを1日1時間以上見せていない

育児中は、デジタル機器との付き合い方を見直して！

Check

忙しくて手が離せないときに子どもがぐずったり、公共の場で子どもがわめいたりしたときに、すぐに静かになるからと、スマートフォンを渡して動画を見せてはいませんか？

もちろん、静かにしなければいけない場所など、それぞれの事情がある場合は、短時間ならやむを得ないときがあるでしょう。ただ、使用にあたっては、次のことを心に留めておいてください。

近年、スマホに子守をさせる「スマホ育児」は、子どもの発達に悪影響があると警鐘が鳴らされています。

米国小児科学会は、育児におけるテレビ、スマホやパソコンなど、スクリーンのある電子機器の使用について、次のように提唱しています。

- **1歳半未満では、ビデオチャット以外の電子機器の使用は控える**
- **1歳半~2歳の子どもに見せるなら、良質なものを親が選んで一緒に見る**
- **2~5歳でも最大1日1時間。親も内容を把握する**
- **食事のとき、ドライブのとき、寝る直前などは電子機器の使用を控える**
- **子どもが自分のスマホを持つようになる前に、親が使い方のお手本を見せる**

また、家庭における乳児期のテレビ視聴と実行機能の関係を調べたジョージタウン大学の調査によると、1歳時点において、大人向けの番組が長時間つけっぱなしになっている環境にいる子どもほど、4歳時点における実行機能の成績が低くなるとの結果が出ました。

子どもが絵を描いたり、おもちゃで遊んだりしているときにテレビがつけっぱなしになっていると、少しでも気になるシーンや音楽が流れたときに、子どもは活動を止めて、テレビに注意を奪われてしまいます。

実行機能の要素には「頭の切り替え能力」がありますが、この場合は、自分の意志ではなく、テレビによって受動的に切り替えられているので、実行機能が育まれることにはならないのです。

それとテレビの内容について、暴力シーンは全般的に子どもの発達に悪影響があるので、お勧めできません。

さらに知力・社会性育成の面から見ると、前述の『3000万語の格差』という言葉環境の研究では、4つめのTとして、乳幼児期の育児中には「ターン・オフ（Turn Off）」、すなわちスマホやテレビといったデジタル機器の電源をできるだけ切ることが提唱されています。

なぜなら、親も子もデジタル機器に気を取られていると、子どもの知力・社会性の育成のためにとても重要な、言葉のやりとりができなくなるからです。

もはや生活の必需品となったスマホではありますが、子どもの脳と心の健全な発達を促すためには、育児におけるスマホとの付き合い方はしっかりと考える必要がありそうです。

テレビ視聴を含め、デジタル機器は十分注意して活用するようにしましょう。

乳幼児期におけるスマホとの付き合い方

テレビやスマートフォンなどのデジタル機器は、集中力を妨げ、親子のコミュニケーションを奪います。育児中にスマホを使うときは、以下のようなことに気をつけましょう。

- できるだけスマホは使わず、目を見つめて笑顔で言葉をかけながらスキンシップをする

- 子どもに一人で動画を見せるのは控え、人形やおもちゃなど具体物で遊ばせる

- スマホやPCは写真や動画を一緒に見たり、遠方の祖父母と動画で会話したりするために使う

- 寝る前や食事中にはスマホを使わないようにする

38

小中学生にスマホやゲームを1日1時間以上させていない

「ながら勉強」は、勉強していないのと同じ

東北大学と仙台市が行った大規模調査の結果から、小中学生のスマホ使用に警鐘が鳴らされています。

2013年からの2万人以上の小中学生を対象にした「スマホ使用と、学習時間や学力との関係」を調べた調査によって、スマホを使うと学力が下がることがわかりました。

スマホを使うと思考を司る前頭前野に強い抑制がかかり、その結果、授業や自習の内容が頭に入らなくなり、成績が下がっていくと考えられています。

Check

具体的には、スマホを使わない子と、毎日４時間以上使う子とでは、学習時間にかかわらず、偏差値に10も差がつきました。

さらには、２時間以上勉強していたとしても、４時間以上スマホを使っているると、勉強時間が30分未満のスマホを持っていない子に学力で負けてしまったのです。

ただし、一様にスマホを使うことがダメというよりも、使い方に問題があるようです。国語と算数（数学）においては、スマホの使用時間が１時間未満の子は、スマホを持っていない子よりも学力が高い傾向がありました。これは、スマホを与えられても使うのを１時間未満に抑えられるほど自制心（自己管理能力）が高いため、学力も高いのではないかと考えられます。

最もよくないのが、スマホをいじりながら勉強をする「ながら勉強」です。調査によると、小学生（５・６年生）でも半数以上、中学３年生に至っては８割以上の子が「ながら勉強」をしていて、しかもその内容はゲーム（34％）、動画視聴（44％）、ＬＩＮＥ等でのやりとり（43％）でした。

人の脳は一つのことに集中するようにできているので、集中の邪魔になる情報は、脳の中で自動的に抑制がかかることがわかっています。つまり、勉強をしているといえども、スマホに意識が取られていては、勉強にほとんど集中できていないということです。

フィンランドでは、国を代表する企業にノキアがあるので、子どもたちにも積極的にスマホを持たせています。しかし、学校の授業が始まると「電源を切りましょう」と指導しているといいます。

それにならって、ご家庭でも、スマホは食事中や勉強中には別の部屋に置いておく、夜何時以降は電源を切る、といったルールづくりをすることがお勧めです。

ＩＴ時代を築き上げたマイクロソフト創業者のビル・ゲイツや、アップル創業者のスティーブ・ジョブズは、子どもにスマホをはじめとするデジタル機器を持たせず、使用も制限していたといいます。これは、非常に示唆に富んだ話ではないでしょうか。

こういった事実を頭に留め、デジタル機器とは賢く付き合い、子どもたちの賢さを育むためのツールとして活用したいものです。

子どもと約束したい、デジタルルール

1日1時間までのゲームやテレビ視聴が学力向上につながっているというデータがあります。デジタル機器とは、次のようなことに注意してうまく付き合っていきたいですね。

デジタル機器の使用時間は合計1時間未満に

- いいテレビ番組を選んで見る
- 家族団らんにつながると、なお好ましい

- ゲームは友だちなどと適度に楽しむ
- 時間を決めてその間は思いっきり楽しむ

- 食事中や勉強中は、スマホを別の部屋に置いておく
- 夜何時以降はスマホの電源を切る、といったルールを設ける

39

子どもの前で怒りをあらわにせず、夫婦ゲンカもしないようにしている

体罰や虐待が子どもの脳に悪影響を与える

時折、痛ましいニュースに世間が騒然となる「子どもの虐待」。日本では子どもの減少とは裏腹に、児童虐待に関する相談対応件数は年々増加しています。

ハーバード大学などにおける近年の研究から、小児期に虐待・ＤＶ（暴力）・ネグレクト（無視）といった不適切な養育（マルトリートメント）をされた経験があると、脳に傷ができ、将来にわたって悪影響があることがわかりました。

厳格な体罰を受けると、思考や判断を司る脳の「前頭葉が縮小」し、性的虐待や両親の家庭内暴力（ＤＶ）を目撃すると「視覚野が縮小」し、暴言虐待を受

Check

けると「聴覚野が変形」することがわかっています。そして、この脳（心）の傷がもととなり、心の病や記憶力の低下などを引き起こします。適切な治療が施されないと、将来的にうつ病発症や自傷行為を招いたり、薬物やアルコール依存、様々な犯罪の加害者・被害者になったりすることもあるのです。

また、体罰をすると、子どもの実行機能が育たず、感情のコントロールができなくなり、将来、犯罪を抑止できなくなる可能性が高まります。

ＤＶは、目撃するだけでもＩＱ・記憶力・学力が低下し、問題行動が増えますし、しつけと称して怒鳴ったり、キツく叱ったりするなどの怒号《どごう》や罵声をあびせ続けると、体罰やＤＶ目撃よりも子どもの脳に悪影響を与えます。

さらには、子どもにスマホを与えて放置することから「スマホ育児」とも呼ばれている「ながら育児」は、一種のネグレクトであり、それが続くと、左右脳をつなぐ脳梁の容積が小さくなり、将来集団行動ができずに暴力的になることがわかっています。また、こういったネグレクトは、他の虐待よりも実行機能の発達が非常に遅れることが示されているのです。このような事実を積み上げていくと、幼少期の接し方が、いかに重要かがわかるでしょう。

ですが、たとえ一時、不適切な養育をしてしまい、子どもの脳に傷ができたとしても、しっかりと治療をすれば回復していきます。いつからでも大丈夫ですので、気づいたときにそれをやめ、子どもとの関係修復に努めてください。

もし親が不適切な養育をしてしまい、それを正そうとしているときには、周りの第三者は、親を責めるのではなく、親が好ましい養育態度を示したときにはほめて、「親をほめ、育てる」ことを意識します。このような育児を手伝ってくれる共同養育者が多ければ多いほど、子どもの脳の実行機能が発達し、感情コントロールの脳内ネットワークが発達する可能性が高まります。

マインドフルネス（瞑想・呼吸法・イメージトレーニングなど）も、脳機能の回復に効果がありますので、ぜひ取り入れてみてください。こういった研究成果を踏まえ、ＥＱＷＥＬの教室では、先生が共同養育者となり、親子へのほめ言葉をたくさんかけ、呼吸法やイメージトレーニングを取り入れています。

一人ではどうしたらいいかわからず、思わず子どもに手を上げてしまいそうになったときには、こういった好ましい共同養育者の手を借りて、不適切な養育を避け、適切な育児を心がけるように切り替えたいものです。

40

神経衰弱など、チラッと見たものを覚えておく遊びや取り組みをしている

Check

「直観像」能力はトレーニングで鍛えられる

「人間には、どこまで可能性があるのだろうか？」

私は、高校生のときに湧き上がったその問いがきっかけとなり、能力開発に興味を抱き、速読法や記憶術を習いに行きました。学生時代に瞑想（今でいうマインドフルネス）を始め、現在、仕事として能力開発教室に携わっています。

私が能力開発により一層の関心を持ったのは、学生時代にテニスでペアを組んでいた友人Ｔくんにあります。

Ｔくんはヘラヘラとしていて、ポーッとした感じのところがある人物でした。

でも、よく話を聞くと、中学時代は授業中に一度もノートを取ったことがないのに、テストではいつも80〜90点を取っていたそうです。というのも、授業を一度見聞きしただけで、授業の内容を覚えることができ、それを写真のように思い出せたからだといいます。世の中に天才っているんだなぁと、人間の可能性の奥深さに興味を抱きました。

ＥＱＷＥＬの卒業生で京都大学に進学したＭさんも、一度ノートに書いたことは写真のように思い出せたといいます。同じくＥＱＷＥＬの卒業生で京都大学大学院に進学したＹくんは、一度聞いたことは完全に覚えられたそうです。

このように、一度見聞きしたことを完全に再現できる能力は「直観像」能力と呼ばれています。サヴァン症候群など、自閉症系の人にこういった能力を持っている人がいて、一度見た景色をアトリエで寸分たがわず思い出して描いたり、一度聞いたピアノ曲を譜面なしでそのまま再現したりするなど、様々な能力があることが報告されています。

こう聞くと、やや特殊能力のように感じるかもしれませんが、実は程度の差こそあれ、トレーニングすれば誰でもできるようになります。特に、子どものうちは脳が柔軟で成長が早いので、一瞬見たものを再現したり、一度聞いたことを言ったり、書き出したりするトレーニングを続けると、こういった能力がグングン伸びていきます。

脳科学ではこういった能力の基礎は「ワーキングメモリ（作動記憶）」が司っているとされています。ワーキングメモリとは、作業をするのに必要な超短期記憶のことをいいます。実行機能の要素の一つで、視覚型と聴覚型があり、両方とも得意な子や、どちらかだけが得意な子など、様々なタイプに分かれます。

この視覚型のワーキングメモリを鍛えるには、「神経衰弱」など、チラッと見たものを覚えておく遊びが効果的です。視覚型ワーキングメモリが発達すると、黒板に書かれた文字をノートに書き写したり、本を読んだりすることが、早く楽になります。

逆に、書き写しや読書が苦手な子は、視覚型ワーキングメモリの発達に問題があるかもしれません。書き写しや読書のみならず、球技も苦手な場合は、目（両眼視・焦点合わせ）に問題があることもありますので、心配な場合はＥＱＷＥＬ目の学校の「目の使い方チェック」（２０８ページ参照）を受けるといいでしょう。

絵カード記憶の遊び方

絵カード記憶とは、幼児の目の前で、絵カードを1秒以内のスピードで切り替え、絵カードの内容を順番通りに言うゲームです。楽しみながら取り組みましょう。

やり方

❶絵カードを何枚か続けて見せます

❷その後、何の絵カードがあったかを順番通りに答えさせましょう

❸それを何度か繰り返します

他に、一瞬見た絵カードを再現して描いてみるのもオススメ！

ポイント

- 子どものワーキングメモリの発達に合わせた難易度で取り組みましょう
- ワーキングメモリは幼少期に急激に伸びていくので、遊びや取り組みを通じてたくさん鍛えるといいでしょう

41

「これトラック？」と聞かれたら、「そうよ、トラックよ」と、子どもが言ったことを繰り返すことが多い

音楽はIQと実行機能を向上させる

前述したワーキングメモリには、聴覚型のものもあるといいましたね。

それでは、聴覚型ワーキングメモリを発達させるには、どのようなことをすればいいのでしょうか。

それには、一度聞いたことを覚えておく必要のある遊びや、取り組みをするのがお勧めです。簡単なところでは、しりとりやなぞなぞといった遊びが有効です。

また、日常会話でも、ちょっとした工夫を加えるだけで、聴覚型ワーキング

Check

メモリをグングン伸ばすことができます。

まず取り組みたいのが、「子どもが言った言葉を繰り返す」ことです。言葉の出始めのころに、子どもが「ブーブー」と言ったら、「そうねー、ブーブーね」と返しましょう。子どものワーキングメモリに言葉が残る時間が長くなるので、こういった言葉の繰り返しにより、聴覚型ワーキングメモリが鍛えられます。

また、子どもが「リンゴ」と言ったら「赤いリンゴだねー」と返したり、子どもが「赤いリンゴ」と言ったら「赤いリンゴ、おいしそうだね」と、子どもの1～2歩先のコミュニケーションを返したりします。

これは、前述した3つのTの2つ目、子どもと話す言葉を増やす「トーク・モア（Talk More）」の手法の一つです。聴覚型ワーキングメモリが鍛えられるとともに、語彙力や言語処理能力も伸びる、一石三鳥の取り組みなのです。

聴覚といえば、音楽にも、実行機能を高める効果があることがわかっています。東大生に子ども時代の習い事を聞くと、ピアノやバイオリンなどの音楽（楽器演奏）がよく挙げられます。ある調査では、東大生は、幼少期に一般の子どもたちに比べ、音楽を習っていた子が4倍いたとのことです。

ロットマン研究所における研究では、4〜6歳の幼児を2つのグループに分け、一方には音楽を通じた訓練を、もう一方には美術を通じた訓練を受けさせました。

1日計2時間の訓練（途中1時間の休憩あり）を週に5日、4週間にわたって続けた結果、訓練を受ける前後で、音楽の訓練を受けたグループのみ、IQと実行機能が向上したのです。

音楽を通じた訓練の効果が高いのは、子どもが他の子どもたちと一緒に楽しみながら取り組めるために集中力が続く、といった理由もあるのでしょう。

実行機能は、主体的に行動をコントロールする力であるので、どんなに効果がある方法でも、子どもが嫌々ながらに取り組んでいたら効果は出ないと考えられます。

もし子どもに音楽をさせたければ、まずは一緒に取り組むなどして音楽の楽しさを伝え、音楽を続けることを、自分で選ばせてあげるといいでしょう。

42

「ストップ」と言ったときに、体の動きを止める遊びをよくしている

行動を抑制して実行機能を高める

「もう寝る時間でしょ！　遊びは終わりよ！」と言ったところで、すぐには遊びをやめられないのが、子どもです。そんなときに、子どもがすぐ寝る準備に切り替えられるようにするには、日頃から、今している行動を止める（抑制する）遊びや取り組みをしておくとよいでしょう。

前述した実行機能の1つ目の要素は「抑制機能」でした。目標を達成するためには、もし、今、目標とは関係のない遊びや取り組みをしていたら、まずはその行動を止める必要があるからです。

Check

その「抑制機能」を高めるための効果的な取り組みの一つに「ストップゲーム」があります。「ストップゲーム」とは、保護者や先生が「ストップ！」と言ったときに行動を止める、というトレーニングを遊びとして行います。

子どもが小さいうちは「ストップ！」と言われたら、両腕を胸の前で組むといった動作をつけて行いましょう。子どもが大きくなってきたら、音楽が鳴り終わったり、親に視線を向けられたりしたら、頭（心）の中だけで「ストップ！」と思い、行動を止められるように促していきます。子どもが自力で止まれるようになると、将来的には行動のみならず、ネガティブな思考や感情も、頭（心）の中で「ストップ！」と思い、止められるようになります。

「イス取りゲーム」や「だるまさんがころんだ」も、このストップゲームと同じような効果がある遊びです。

また、様々な研究から、切り替えを要する反復練習や運動は、実行機能を向上させる効果があることがわかっています。ダンスやエアロビクスのように、動きの切り替えが早くて多い運動は、実行機能のよいトレーニングになります。子どもにダンスやエアロビクスを習わせるのもいいですね。

ストップゲームのやり方

実行機能の大切な要素の一つ、「抑制機能」を高めるために効果的な遊びです。子どもは動作を加えると取り組みやすいので、次のようなやり方で身につけることができます。

❶子どもが走り回ったり、遊んでいるときに、親が「ストップ！」と言います。

❷ストップと言われたら、子どもは両手を胸の前にクロスさせて、今している行動をすぐに止めます。
※ここで「深呼吸」を加えると、気持ちも落ち着き、さらに効果的！

❸止まれたら、「しっかり止まれたねー」と、ほめてあげましょう。

→ **子どもが大きくなってきたら、親が視線を向けるだけで、子どもが頭の中で「ストップ！」と思い、行動を止められるように促していきましょう**

43

「散らかしちゃダメでしょ！」ではなく、「この箱に片付けようね」と、具体的にしてほしい行動を伝えている

今していることをやめ、次にすることを明確にする

部屋におもちゃがたくさん散らかっているとき、子どもに向かって「ちゃんと片付けなさい」と何度も言ってはいませんか？

それで、子どもは「ちゃんと」片付けることができたでしょうか？

このような指示では、子どもは何をどうしていいかがわからず、思考停止状態に陥ってしまうことがあります。

そんなときは、「車はこの箱に入れようね」と、片付ける場所を示しながら、具体的に指示をしてあげましょう。それが終わったら「ぬいぐるみはこのカゴ

Check

に戻そうね」と、次にすることを具体的に指示します。

このようにスモールステップに分けて、具体的にしてほしい行動を順番に伝えることで、子どもはするべきことが明確にわかり、行動に移しやすくなります。「今、していることをやめる → 次にすることに注意を切り替えて行動に移す」を、一つひとつ具体的に指示しながら導いていくとよいのです。

落ち着きのない子や片付けができない子は、実行機能の発達が遅いケースが多く、そういった子どもは行動の切り替えが苦手なことが少なくありません。

もし、わが子がなかなか行動を切り替えられない場合は、「10数えるうちに遊びをおしまいにするよ。できるかな？」と、ゲーム感覚で遊びを終えられるような言葉かけをしましょう。

イリノイ大学シカゴ校による幼児教育・保育の質評価の研究では、教諭・保育士による

① 健康や衛生に関する関わり方
② 子どもとのコミュニケーション

の質の高さが、子どもの実行機能の発達と関わっていることが示されました。①は、トイレットトレーニングや睡眠などをうまく導けているかを見ています。便座に座りたくない、眠りたくないという気持ちを抑え、次の行動へと導くことで、子どもの実行機能が育まれるのだと考えられます。

また、②は子どもとうまくコミュニケーションを取れているかを見ています。たとえば子どもがなかなか片付けをしないときに手を出すのではなく、子どもができるだけ自力で解決できるように見守り、ときにヒントを出すといった、後述する支援的な接し方ができているかなどを見ています。

子どもの実行機能を育み、将来的に自力で物事が成し遂げられるようにするには、大人にも子どもにも、手間ひまと工夫、忍耐がいるのです。

子どもの発達に合わせて、手間を惜しまずに具体的な言葉かけやヒントを与え、スモールステップで成長していけるようにサポートをしましょう。その手間ひまは、必ずや子どもの自立（&自律）と活躍のための大きな後ろ盾となることでしょう。

44

何をしたら叱るのかなど、家庭のルールを決め、家族で共有している

支援的な子育ても、管理的な子育てもどちらも大事

子どもを見守り、必要なときにだけ支援（サポート）をする支援的な子育ては、子どもの実行機能を育む効果があることがわかっています。

支援的な子育てとは、子どもが自分でがんばろうとしているときに、少しだけ後ろから支えてあげるような関わり方をする子育てのことをいいます。

ミネソタ大学の研究で、親子のパズル遊びにおける支援的な子育てが、子どもの実行機能にどのような影響を与えるかが調べられました。

その結果、子どもがうまくパズルができないのがもどかしく、親が実演して

Check

（解いて）しまうといった過干渉な接し方をした場合には、子どもの実行機能が発達しませんでした。

一方、子どもが自分でパズルを解けるように、親がヒントを与えるなど支援的な接し方をした場合には、子どもの実行機能の発達が促されました。支援的な子育ては、子どもが自ら考えて行動することを支援するため、子どもの自制心が育まれるのです。

では、親による統制（命令や禁止などの強制）は必要ないのでしょうか。

京都大学における研究で、体罰などを除いた管理的な子育てが、子どもの実行機能にどのような影響を与えるかが調べられました。

管理的な子育てとは、たとえば、親が子どもを自分の言いつけ通りに従わせているか、歯磨きなどを子どもがするまで何度も言い聞かせているか、といった関わり方を指しています。

その結果、親が管理的な子育てをすると、子どもの実行機能が育まれることが示されました。やはり、親の統制も必要なのです。

子どもは最初から自分をコントロールできるわけではないので、初めのうちは親が子どもの行動を統制しながら、成長とともに子どもが自力でできるように促していくといいでしょう。

　極端な親の統制は慎むべきですが、子どもの発達に即したある程度の統制は、子どもの実行機能を育むと考えられます。

　何事もバランスが重要です。支援的、管理的を問わず、子育てにおいては、ときと場合によって、様々な接し方をする必要があるのです。

　ただし、その接し方には、ある一定のルールがあるべきです。親としても、子どもをほめたり叱ったり、支援したり統制したりする指標があると、迷わなくて済むでしょう。

　子どもにとっても、その日の気分や調子で親による接し方が違うのでは、次に何が起こるかがわからず、不安とストレスにさいなまれるようになるため、ルールはあったほうがよいのです。

　家庭におけるルールづくりは、子育てにおいて大きなカギを握っているといえます。ぜひ子どもと一緒に、家庭特有のルールづくりについて話し合ってみてください。

家庭でのルールづくりのポイント

何をしたらいけないのか、何をしたら叱られる（叱る）のか、指標があると、子も親も迷うことなく安定した関係性を築けます。家庭でのルールづくりについてご説明します。

❶叱る基準を子どもと一緒につくる

たとえば「いじわるをしない」と決めたら、「人にいじわるをしたら、叱るね」と伝えておきます。

❷親もルールを守る

たとえばテレビを何時間もダラダラと見ないと約束したのに親が守らずにいたら、子どもも守らないのは当然のことです。

❸ルールを破ったときにのみ冷静に叱る

感情を爆発させて叱るのはNG！ 子どものミスは、怒りの感情を放出させる機会ではなく、「教え諭すチャンス」です。

45

叱るときは1分以内にとどめ、間違った行動を注意し、してほしい行動を伝えている

子どもを叱るときの4つのポイント

ほめることと同じくらい大切な叱り方には、次のようなポイントがあります。

① 1分以内に抑える

長い時間叱り続けると、子どもは親の話を聞き流すようになり、あらゆることに聞く耳を持たなくなります。また、内容よりも感情面に意識が向き、「自分はダメな子。だからママは自分のことが嫌いで、こんなに怒るんだ」と思わせてしまい、子どもの自己肯定感をつぶしてしまいかねません。

② 昔のことを持ち出して叱らない

Check

叱っているときに、過去のことを持ち出すのは絶対にやめましょう。それは、1つの間違いに対して何重にも注意することにほかならないからです。さらに、昔のことを根に持っていて許していないことが子どもに伝わると、「自分はいつまでたっても成長しないダメな子どもだ」という思いを植えつけてしまいます。

③ 間違った行動を注意する

「ウソをついてはいけないよ」「人をたたいたらいけないよ」と、子どもがした間違った行動が、してはいけないことであることを伝えるようにしましょう。

④ してほしい行動を伝える

間違った行動を注意した後に、してほしい行動を伝えましょう。

「出したおもちゃはもとの場所に戻そうね」「自分が悪かったら『ごめんなさい』と謝るのよ」と、その状況でしてほしいことを具体的に伝えます。

以上の4つのことに気をつけます。もし、ルールをしっかりと理解していない場合は、ルールの説明を根気よく繰り返す必要があります。

また、年齢が上がるとともに、ルールを一緒に決める割合を増やし、日頃からそのルールを守れるようにサポートすることを心がけましょう。

Column

実行機能を高める方法

子どもの実行機能を高めるために、抑制機能を高めることが効果的だというのは本章で述べた通りです。その他にも、簡単で実践しやすい方法があるので、ご紹介します。

姿勢

最近、小学校に入ったときに、45分間ずっと座っていられない子が多くなっているといいます。原因の一つは「姿勢」にあります。

疲れにくい姿勢を教えましょう。

それは、①イスに座って、両手を伸ばして背伸びをし、②その後、手を自然に下げたときの姿勢です。

ただし、この姿勢を続けられない子どもも多く、調べてみると、姿勢を保てない子どもたちは、保てる子に比べて「背筋が弱かった」とのことです。

背筋を鍛えるためには、子どもにとって少し重い荷物を両手で前に持って歩いたり、床を雑巾がけしたりするといいでしょう。ブリッジなども効果的です。

また、よい姿勢を保とうとしても、しばらくして前かがみに背中が曲がってしまう子には、腰にバスタオルを当て、両手で両端を持って、自分で前に引っ張るといいでしょう。よい姿勢を保ちやすくなります。

第5章 『やり抜く力』の鍛え方

ある研究において、一流人や成功者の共通項は
「才能」ではなく、「やり抜く力」であったことがわかりました。
幼少期からこの力を身につけておくことが、
大人になってからも、社会で
いきいきと活躍するための素地となります。
「やり抜く力」はどうすれば鍛えることができるのか、
そのコツを見ていきましょう。

46

高い期待をかけるとともに、子どもが困ったときには最大限のサポートをしている

温かさと厳しさを併せ持つ「賢明な子育て」を

子育てには「優しさ」と「厳しさ」の両方が必要です。

子どもに期待をかけ、高い要求をする「厳しさ」と、子どもからの要求に応え、しっかりと支援をする「優しさ」。

それらを軸にして、子育てスタイルを分類すると、次の4つに分けられます。

① 高い要求をして、支援をする　「賢明な子育て」
② 高い要求をして、支援をしない「独裁的な子育て」
③ 高い要求をせず、支援をする　「寛容な子育て」

Check
できている……….「○」
どちらでもない….「△」
できていない……..「×」

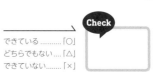

④ 高い要求をせず、支援をしない「怠慢な子育て」

１９８０年代から世界中で始まった数々の研究で、これらの中では一貫して、①の「賢明な子育て」が最も効果が高いことが示されています。

「賢明な子育て」は、温かさと厳しさを併せ持つ育て方で、子どもとの関わりをしっかりと持ちながらも、高い期待を投げかけます。子どもが守るべきルールも決めますが、そのときは、子どもを話し合いの輪に入れて、破ったらどうするかを伝えておくのです。子どもがミスをしたときは罰するのではなく、教えることでしつけをするのが特徴です。

「賢明な育て方」、すなわち「温かくも厳しく、子どもの自主性を尊重する親」に育てられた子どもには、「学校の成績がよい」「自主性が強い」「不安症やうつ病になる確率が低い」「非行に走る確率が低い」といった特徴があります。

では、他の子育てスタイルには何か問題があるのでしょうか。

「独裁的な子育て」は、要求はしますが、あまり支援をしない厳しいだけの育て方です。親のルールのもとで命令に従うことだけを望む育て方で、このような環境で育った子どもは、行儀はよくなるものの、社会に出て活躍するために重要な「自制心」の発達が遅れます。親の命令に従うだけなので、自分の内側に自らを律する判断基準が育たないからです。

「寛容な子育て」は支援を惜しみませんが、あまり要求をしない過保護な育て方です。親子の会話は多いのですが、甘やかすことも多く、この育て方で育った子どもは対立を避け、規律を嫌がるようになります。

「怠慢な子育て」は、支援も期待もしないほったらかしの育て方です。子どもが生活するのに必要な最低限のものは与えますが、それ以外は関わりを持たないネグレクト（無視）と呼ばれる一種の虐待ともいえる育て方です。なかなか社会に適応できず、様々な問題を起こし、精神的な病を患ったり、非行に走りやすくなります。

子育ては優しいだけでも厳しいだけでもいけません。自分一人だけでは、優しさと厳しさの両方を兼ね備えるのが難しい場合は、夫婦や祖父母、親戚、先生など、身近な人と役割を分担して、バランスの良い優しさと厳しさで子どもを包みましょう。その優しさと厳しさがベースとなって、子どもの「やり抜く力」はすくすくと育まれていくのです。

「賢明な子育て」法

子どもに要求もし、支援も惜しまない「賢明な子育て」は子どもの「やり抜く力」を育むために効果的な方法です。温かさと厳しさを併せ持つ愛情で、子どもを包みましょう。

子どもと関わりを多く持つ

よく遊ぶ

守るべきルールを決める

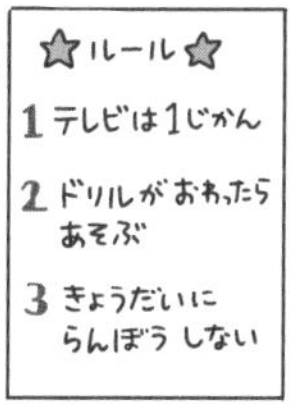
ルール
1 テレビは1じかん
2 ドリルがおわったらあそぶ
3 きょうだいにらんぼうしない

破ったときのことも話しておく

自主性を尊重する

自分で選択させる

ミスをしたら教え諭し、対処法を考える

一緒に対処をする

47

「失敗しても大丈夫。失敗から学べれば、それでいいんだよ」と失敗を許容している

「失敗は成功の母」という言葉を忘れないで

日本人は概して失敗に対して不寛容で、厳しい見方をすることが多いものですが、どんな物事でも、失敗をゼロにすることはできません。ましてや子どもに至っては、時間の約束は守れず、学習だって間違いのオンパレード……。でも、それは子どもとして自然な姿です。そうであれば、自分と他人を傷つけない範囲ならどんな失敗をしてもいい！　そう思えてきませんか？

みなさんが今抱えている子育てにおける悩みのほとんどは、1〜2年後にはだいたいなくなっています。新たな悩みが出てくるとは思いますが、悩む内容

Check

は年月を経て変わっていくものです。

東大生１８４人に、子ども時代の失敗について聞いたところ、「失敗後すぐに立ち直ったことがある」と答えた人が59％、「苦手を克服したことがある」と答えた人が69％、「やり遂げて嬉しかったことがある」と答えた人が84％いました。しかも、幼少期から「勉強好き」だった子は、「勉強嫌い」だった子に比べて、それぞれの回答率が10％以上も高かったといいます。

これは、好きなことであれば、子どもは自然と努力をするということを示しています。もちろん、たくさん取り組むだけに失敗も多いでしょう。ですが、楽しいことなのであきらめずに工夫をしたりして、失敗を乗り越え成長し、実力を身につけていきます。そうして小さな成功体験を積み重ねることで、自信も高まり、たとえつまずいても「大丈夫、何とかなる」と思えるようになるのです。

何かの分野で世界一になった人は、その分野で世界一たくさんの失敗をしている、といいます。「失敗しても大丈夫。失敗から学べれば、それでいいと思うよ」と失敗を許容しましょう。

48

失敗やミスをしたら、教え諭すチャンスだと捉え、どう対処したらいいかを伝え、サポートをしている

過ちを責めることは、子どもの成長を阻害する

前述した「賢明な子育て」のポイントの一つは、失敗やミスをしたときに罰するのではなく、教えることでしつけをすることでした。

子どもが失敗やミスをしたら、ただ「感情を爆発させて怒る」のではなく、「教え諭すチャンス」として捉えるようにしましょう。

歯磨きの仕方、靴の履き方、食事中のマナー、片付けのルールなどなど。日頃からそれらの方法や家庭のルールを伝えておけば、失敗やミスをおかしたときに、子ども自身もある程度、そのことに気づくことができます。

Check

チラッと視線を向けて、「〇〇ちゃん、それでいいのかな〜？・」と言うだけで、ハッと気づいてフリーズしてしまうこともあるほど、子どもはよくわかっているのです。それなのに、そういったときに怒って失敗やミスをとがめると、子どもは二度と失敗やミスをしないように簡単にできることしかしなくなります。すなわち、新しいことや難しいことにチャレンジしなくなってしまうのです。

さらに、あまりにも失敗やミスをするたびに怒っていると、「自分はダメな子だからいつも叱られるんだ」と自己肯定感が下がり、「今できないことは、どうせ成長してもできないだろう」「自分は能力がないから、がんばっても変われないんだ」という「固定思考」になってしまいます。

新しいことや難しいことには失敗やミスがつきものです。その失敗やミスを通じて、次は同じ過ちを繰り返さないように考え、工夫をすることで子どもは成長していきます。子どもが失敗やミスをしたときに強くとがめると、子どもが新しいことや難しいことにチャレンジし、それを乗り越えて成長するチャンスを奪ってしまうことになるのです。

子どもが失敗やミスをしたら、成長へのプロセスであると受け止め、

「あ〜、うまくいかなかったね〜。こういうときはどうすればいいのかな？」と尋ねましょう。

子どもが解決方法や対処法を知っている場合は、それに気づかせてあげます。解決方法や対処法を知らない場合は、教えてあげるか、一緒に考えるなどして、立ち直りをサポートしましょう。

そうして、子どもが問題を解決したり、失敗やミスを乗り越えたりできるようになると、自信がつき、親がいなくても自力で失敗やミスを克服できるようになるのです。また、「困難な状況に陥っても、努力次第で変われる・変えられる」という「成長思考」になり、立ち直り力（レジリエンス）が身につき、やり抜く力も高まります。

実際に、「成長思考」の人は「固定思考」の人に比べて、「やり抜く力」がはるかに高いことが、2000人以上の学生を対象とした研究でわかっています。

子どもを「成長思考」に変えて、「やり抜く力」を養うためにも、子どもが失敗やミスをしたら、教え諭すチャンスだと捉え、どう対処したらいいかを伝え、立ち直りをサポートするようにしましょう。

49

「がんばったね！」と、子どもの努力をほめている

子どもの成長とともに、「ほめ」を「共有」へと変えていこう

「がんばったね！」と子どもの努力を認める「努力ぼめ」をたくさんしたほうがいいことは、80ページで述べた通りです。「能力ぼめ」や「結果ぼめ」よりも、「努力ぼめ」を多くすることは、子どものやる気を高め、やり抜く力を伸ばします。

そこに、「文字を枠内に、丁寧に早くかけるようになったね」などと、取り組みの姿勢や方法をより具体的にほめる「プロセスぼめ」を加えると、次は何にどう取り組めばよいかがわかりやすくなり、やる気が自然に伸びます。

Check

しかし、この「ほめる」「叱る」といった行為は、子どもの思いや行動をある一定の方向へコントロールしようという親の思惑があるために、年齢が上がり、子どもが自立していくとともに、効かなくなっていきます。

思春期に入ると、ほめられても「親にコントロールされたくない」と思い、素直にほめを受け入れなくなる子も出てきます。

それはなぜかというと、子どもが本来求めているのは、評価ではなく、何かを達成したとき、新しいことを発見したとき、嬉しいことがあったときなどに、大好きな両親や先生とその喜びを共有することだからです。

前述した「自己決定理論」でも、人との関係性（所属感）はやる気（内発的動機）を高める柱の一つであり、個人の「幸福度・生きがい」に不可欠な要素であるとされています（76ページ参照）。

つまり、子どもは喜び・興奮・驚きなどといった感情を、大切な人と一緒に分かち合うことで、自分の居場所があると感じられ、幸せな気持ちになれるのです。もちろん、悔しさや悲しさといったネガティブな感情も分かち合うことが大切なのは、「共感力」の部分で説明した通りですね。

この気持ちを「共有」するときに気をつけたいポイントは「子どもを認める」ことにあります。「認める」とは「カラフルな絵だね」「プリントを最後まできちんと終えられたね」と、ただ見たままを具体的に表現するだけでいいのです。言葉にこだわらず、ときにはうなずいたり、抱きしめたり、驚いた顔をしたり、笑顔を返したりするだけでもいいのです。

ほめや叱りの代わりに子どもの思いを聞く質問を増やしてもいいですね。大切なのは子ども自身がどう感じたか、どう思ったかを受け止めることなので、親（自分）がどう思うかはそれほど重要ではありません。

集中しているときには、わざわざ声をかける必要さえありません。集中力を養う妨げになりますので、ただ静かに見守っていてあげましょう。

時とともに子どもは成長していき、親のコントロール下から離れていきます。徐々に自立心を芽生えさせるためにも、子どもを一人の人間として尊重し、成長とともに、ほめや叱りを減らしていくように心がけましょう。

親もほめや叱りによる子どものコントロールから徐々に卒業していけるように、努力が必要ですね。

「ほめ」や「叱り」から『質問』へ

ほめと叱りで親の思いと愛情を伝えていれば、時期が来たらほめや叱りを減らして、思いを聞く質問を増やしましょう。親が子どもの思いを認め、尊重していることが伝わります。

質問のポイント

- 子どもがどう感じたか、どう思ったかを質問する
- 「はい」「いいえ」で答えられる質問ではなく、「どうする？」「なぜ？」といった問いかけがいい
- 「今日、どうだった？」などの漠然とした質問ではなく、「一番楽しかったことはなんだった？」など、具体的に聞くと、答えやすくなる

50

「次はもっとできるようになるよ」「どうやったらもっとうまくできるかな？」と、継続・改善を促している

結果を振り返ることが、よりよい結果を生む

日本発で今や世界語となった「カイゼン（改善）」。「カイゼン」とは、継続的な改良を意味します。「カイゼン」を続ければ、頭打ち状態やマンネリ状態に陥ることなく、常に物事をよりよくしていくことができます。

ペンシルベニア大学では、何十人もの「やり抜く力」のプロフェッショナルにインタビューした結果、誰もが、一人残らず全員、この「カイゼン」をしていることがわかりました。「やり抜く力」の高い成功者たちは、すでに卓越した技術や知識を身につけているにもかかわらず、さらに上を目指したいという

Check

強い意欲と向上心を持っているのです。

中学生を対象としたマインドセットに関する研究で、「カイゼン」のフィードバック効果を調べたものがあります。そこでは、生徒たちを2つのグループに分けて、数週間、それぞれ異なるプログラムを受けさせました。

「成功のみ（ほめられるだけ）のプログラム」に振り分けられた生徒たちは、その授業のたびに数学の問題を解き、授業の終わりには何問解けたかに関係なく、ご褒美をもらいました。

別の「解釈改善プログラム」に振り分けられた生徒たちも、同じようにその授業のたびに数学の問題を解きましたが、授業の終わりに「今回は3問解けたね」などのフィードバックを受け取り、出来が芳《かんば》しくなかったときには「もうちょっとがんばるべきだったね」と、改善の指摘を受けました。

プログラム受講後、すべての生徒が数学の問題に挑戦したところ、「成功のみのプログラム」の生徒たちは、プログラム受講前と同じように、難しい問題にぶつかったとたんに降参してしまいました。

ところが、「解釈改善プログラム」の生徒たちは、難しい問題にぶつかったときに、粘り強く挑戦するようになったのです。

これは、現状認識や改善の提案を通じて、問題が解けないことに対する生徒たちの解釈が、「もっとがんばる必要がある」と「成長思考」に変わったことを示しています。

同様に、継続を示唆する言葉かけにも、「やり抜く力」を高める効果があります。ですので、子どもが何かに取り組んでうまくいかなかったときには、「次はもっとできるようになるよ。どうやったらうまくいくか、一緒に考えてみよう」

と、「継続」と「改善」を促す言葉かけをしましょう。

また、子どもが「ムリ！」「できない！」と言ったら、

「今はムリでも、続けていけばできるようになるよ」

と言うだけでも、「継続」や「改善」を促すことができます。

こういった言葉かけをすることで、子どもの「やり抜く力」が高まり、新しいことや難しいことに果敢にチャレンジしていくというポジティブ（前向きで意欲的）な姿勢を身につけていくことができるのです。

継続と改善を促す言葉かけ

「やり抜く力」を育むためには、さらに上を目指すための「継続」と「改善」が大切です。子どもの取り組んだことがうまくいかなかったときは、次のような言葉かけを心がけましょう。

今回は
うまくいかなかったね
どうやったら
もっとうまくいくか、
考えてみよう
次はもっと
できるようになるよ
すぐにできなくても
気にしなくていいよ。
今度はどうやったら
できるようになるかな？
子どもが「ムリ！」
「できない！」
と言ったら……
今はまだムリなんだね。
続けていけば
できるようになるよ

51

知的能力や運動能力をはじめ、「あらゆる才能は努力次第で向上できる」と伝えている

子どもより先に、保護者が「成長思考」になろう

偉人の親たちや優れた教師たちの共通項を調べると、前述の「優しさ」と「厳しさ」を持ち合わせていることに加え、「子どもの可能性を信じていた」という大きな共通項がありました。

ＥＱＷＥＬでは、これらの要素を、優しさからくる「寛容の愛」、厳しさからくる「律する愛」、子どもの可能性を信じる「信頼の愛」として、「子育ての3つの愛」と呼んでいます。

「信頼の愛」は、「どんなことがあっても子どもの可能性を信頼して育てる」と

Check

いう子育ての一番基本となる無条件の愛です。

子育てでは、能力の育成やしつけよりも、まずは親と子の信頼関係を築くことが基本です。子どもを信頼して育てると、子どもに選択を任せられるので、自主性が育ち、自分で考え、自分をコントロールできる子どもになります。

信頼関係の基本は「あなたがそこにいてくれるだけで、パパもママも幸せなのよ」と言えることです。心からそう思って伝えることができれば、たとえ子どもの発達が遅れていても、勉強が遅れていても、気にならなくなります。

子どもを信頼するということは、その無条件の愛をベースに、子どもがすばらしい可能性を持っていて、「あらゆる才能は努力次第で向上できる」と信じることです。

これは「成長思考」にあたるものですが、私たちはあらゆる能力について、それぞれ「成長思考」か「固定思考」のいずれかのマインドセットを持っています。

私が保護者向けの講演会で、「知的能力（頭の良さ）は努力次第で変わると思いますか？」という質問を投げかけたところ、保護者の4分の3以上は「成長思考」でしたが、「固定思考」の保護者も4分の1ほどいました。

また、知的能力に関しては「成長思考」だった保護者も、「運動能力はどう思いますか?」「大人数をまとめ上げて先導するリーダーシップやマネジメント能力は?」と聞くと、「成長思考」の人は少なくなりました。

さらには、「苦手な人との対人関係の能力は?」「音楽のセンスや芸術的才能は?」と聞くと、今度は手が挙がるのがまばらになり、ほとんどの人が「固定思考」であることがわかりました。

まずは保護者が、どのような種類の能力や才能であろうと「努力次第で向上する」というマインドセットを持つことで、子どもがどのようなことに興味を持ったとしても、その才能を伸ばしてあげることができるようになります。

子どもが意外なことに興味を持ち、その能力を伸ばしたいと考えていたら、それが親から見て悪くないものであれば、子どもの可能性を信じ「信頼の愛」を持って、興味と能力が伸びるように応援（サポート）をしてあげましょう。

そうすれば、「与えるものは与えられる」の言葉の通り、育児を通じて保護者の能力や受容力も大きく開花して、子どもとともに成長していけるのです。

52

求めるだけでなく、親も何かにチャレンジし、日々鍛錬をしている

親の「やり抜く力」を子どもに見せよう

「親の背を見て、子は育つ」と言われるように、日々の親の姿や振る舞いは、子どもにとって一番の手本となります。親が口で何を言おうと、その言葉より行動のほうが、子どもには何倍もの説得力があるものです。

スタンフォード大学で、幼児を対象に「大人の模倣の実験」を行いました。60年程前の実験ですが、実験室にあるおもちゃを使って大人が遊ぶ姿を見た後、子どもがその実験室で一人になったときに、子どもがおもちゃを使ってどう遊

Check

ぶかを調べたものです。

すると、大人が静かにおもちゃで遊ぶのを見た子どもは、大人と同じように静かに遊びました。一方で、大人がおもちゃで遊んだ後に、等身大の人形を激しく攻撃するのを見た子どもは、同じようにおもちゃで遊んだ後に、人形に対して乱暴に振る舞いました。この様子を見た研究者は「子どもは大人と『そっくりそのまま』だった」と述べています。

このように、子どもは身近な大人である親の行動を真似します。子どもが難しいことにチャレンジするよう仕向けるためには、親が何かハードなことにチャレンジし、日々鍛錬している姿を見せることがカギとなるのです。

スポーツ好きの子になってほしければ、自分がスポーツしている姿を見せましょう。学び好きな子になってほしければ、自分が学んでいる姿を見せます。

実際に、東大生の親の6割以上は、両親ともに自らを高めるために、資格試験や英会話にチャレンジしたり、ナンクロやクロスワードなど、頭を使うことに取り組んだりしていたといいます。

このように、親が進んで子どもの手本になることを「率先垂範《そっせんすいはん》」といいます。

日本海軍の名将と呼ばれた山本五十六《いそろく》（太平洋戦争時の連合艦隊司令長官）は、部下育成に関して、

「やってみせ、言って聞かせてさせてみせ、ほめてやらねば、人は動かじ」という言葉を残しています。

まずは「率先垂範」をすること。それが部下や子どもを導くカギとなります。親のやり抜く力が高いと、子どももやり抜く力の高い子に育つのです。

東大生家庭の幼少期におけるドリル実施率を見ると、「ほとんど毎日」取り組んでいたのが一般家庭の約3倍、「週に3〜4日」が約2倍でした。ドリルは学習習慣を身につけるために効果的な取り組みなので、東大生の多くは、幼少期からその習慣を身につけていたことがわかります。これは、親にもそれを身につけさせるために必要な「やり抜く力」があったことを意味します。

子どもの「やり抜く力」を伸ばすためには、自分（親）が何かハードなことにチャレンジし、日々鍛錬をしましょう。

そんな姿を見て育った子どもは、いつの日かハードなことにチャレンジし、やり抜くことに喜びを感じる子になるでしょう。

53

目標達成のためのPDCA〔計画〕〔実行〕〔評価〕〔改善〕を教えている

小学生以上の子どもと「目標」を話し合おう

自ら「やり抜く力」を伸ばし続ける子どもに育てるには、

①目標を設定し、計画をつくり、一つひとつ達成していくこと
②自分の目標が、より大きな目的とつながっているのを意識すること
③興味の深掘りをすること
④「逆境は克服できる、困難は打開できる」と希望を持つこと

の４つが重要なポイントとなります。

③はこれまで「夢中力」として、④は「レジリエンス」としてお伝えした通り

Check

です。（第2章「『やる気』の伸ばし方」参照）

この「やり抜く力」を伸ばす4つのポイントのうち、残りの①と②は「目標」に関わっていますので、小学生になるころから始めるといいでしょう。

目標設定と計画づくり、その達成確認と改善提案は、「ＰＤＣＡ」（Plan〔計画〕→Do〔実行〕→Check〔評価〕→Action〔改善〕）と呼ばれていて、ビジネスをはじめ、様々な分野で基本的な自己管理（セルフマネジメント）スキルとして取り入れられています。

Plan〔計画〕とは、目標設定と計画のことです。

計画をするときには５Ｗ１Ｈ、すなわち、

『誰が（Who）／いつ（When）／どこで（Where）／何を（What）／なぜ（Why）／どのように（How）』

を意識して、具体的な計画を立てます。

子どもの学習や練習の計画のみならず、家族行事なども５Ｗ１Ｈ（＋いくら＝値段（How much））で一緒に考えるといいでしょう。

Do〔実行〕は、Plan〔計画〕で立てた目標や計画の実行を意味しています。

実行しながらも、よりよい別の方法がないかを考えつつ、実行していきます。

Check（評価）では、目標が達成されているか、計画通り実行できているかを確認します。ドリルなら何ページ進んだかでわかりますし、目標達成度の確認はテストや試合、コンクールなどがあれば、その結果でわかるでしょう。

Action（改善）では、Check（評価）の結果を受けて、計画の実行や目標達成が想定した通りに進んでいない場合に、引き続き計画を進めるのか、目標や計画を結果に合わせて修正するのかなど、改善点を考えます。

このようにＰＤＣＡを取り入れると、

- **目標と実行することが明確になる**
- **行動に集中しやすくなる**
- **課題や不足がわかりやすい**

といったメリットがあると同時に、子どもがその方法を身につけると、「やり抜く力」まで伸びます。

子どもがＰＤＣＡを理解できる年齢になったら、その方法を教え、徐々に自力で回していけるようにサポートをしましょう。

PDCAの取り組み方

学習や習い事に取り組むにあたり、最初に目標を話し合いましょう。計画を立て、それが実行されているか、うまくいっているかを確認し、改善をする「PDCA」を教えます。

Plan（計画）

……子どもの学習や練習について、5W1Hで一緒に計画する

※進捗具合は数値で確認できるとわかりやすいので、取り組んだページ数や時間など、数値化できる指標をつくっておく

Do（実行）

……目標や計画を実行する

Check（評価）

……目標や計画が達成されているか確認をする

Action（改善）

……うまくいっていないときに改善点を考える

※引き続き計画を進めるのか、目標や計画を修正するのか、子どもが判断できる選択肢をたくさん出すようにする

54

子どもの夢や目標が、社会貢献など、より大きな目的につながっていることを意識させている

目標を単なる「夢」で終わらせないために

前述53の項で述べた、自ら「やり抜く力」を伸ばし続ける子どもに育てる方法の2つ目は、「自分の目標が、より大きな目的とつながっていることを意識する」でした。

子どもに「将来、何になりたい？」と聞くと、「サッカー選手」「パティシエ」「サラリーマン」「お医者さん」「ユーチューバー」など、一人ひとりから思いの詰まった多様な答えが返ってきます。

そのときの子どもたちの目の輝きといったら、他に比べるものがないほどで

Check

す。それだけ、「夢」には子どもを元気にする力があるのです。

しかし、夢は基本的には自分のためのものです。

もし夢が実現できなくても誰も困ることはありませんし、次々に新しい夢を見つけては実現できずに変更して、と夢の渡り歩きを続けたとしても、文句を言う人はいないでしょう。また、夢を持つことで「やる気」が高まったとしても、必ずしも「やり抜く力」が伸びるとは限りません。

とはいえ、その「夢」を社会貢献などの大きな目的に結びつけると、「やり抜く力」を伸ばすことができます。

「ワールドカップで活躍して、日本中を元気にするような日本代表のサッカー選手になる」

「地域のみなさんが食べて幸せになる、お菓子をつくるパティシエになる」

「世界中の人々が苦しむ感染症を撲滅するお医者さんになる」

人は自分のためだけだと力を出し切れないことがありますが、世のため人のためとなると、どこまでも力を発揮できるようになるものです。

77ページで紹介した自己決定理論の3つ目は「目的（関係性〔つながり〕）・貢献・

愛）」でした。

目的を、人々との関係性を深め（つながりを感じ）、貢献することに置くと、内発的動機が高まる、すなわち、やる気と努力する喜びが内側から湧き続けます。その目的が大きければ大きいほど、やる気は強く長く湧き続け、気がついたら強力な「やり抜く力」が身についていることでしょう。

ＥＱＷＥＬの小学生（高学年）コースでは、そんなみんなの「夢」をより大きな目的、すなわち「志」へとつないでいくお手伝いをしています。自分の夢と目標を定め、それがどれほど世のため人のためになるかを考え、最後には一枚の図にまとめ、その後の指針となる宝として持ち帰ります。

自分のための「夢」を、みんなのための「志」へとつないでいく。

親が、教師が、子どもに大きな目的（志）を意識させることで、子どもは自力でやり抜く力を伸ばし、やがて社会に羽ばたいてからも、いきいきと輝きながら、たくましく幸せに活躍し続けることでしょう。

そんな子どもの輝ける未来を想像しながら、子どもの夢や目標が、より大きな目的（社会貢献など）につながっていることを意識させましょう。

55

「社会のために尽くす人になりたい」など、具体的な志を持つように促している

「夢」を大切に、「志」を育てる

やり抜く力が高く、大きくなってから活躍する子どもを育てた親たちは、子どもの「志」を育むことを心がけていました。

現役東大生の保護者60人と、ベネッセが調査した一般家庭の保護者約4000人の乳幼児期の子育てに関する比較調査によると、東大生家庭と一般家庭の子育てでは、いくつかの点で違いがありました。

中でも「どんな大人に育ってほしいか」という質問に関して、興味深い差が見られました。

Check

共通したのは、「自分の考えをしっかり持つ人」という項目が東大生家庭も一般家庭もトップであり、「自分の家族や友人を大切にする人」も共に上位でした。しかし、5位以下の項目に、大きな違いが見て取れました。

東大生家庭の親で「リーダーシップのある人」を選んだ人は一般家庭の約6・4倍、「社会のために尽くす人」は約3・7倍、「周りから尊敬される人」「経済的に豊かな人」はそれぞれ約2倍と、大きな差がありました。

東大生家庭では、子どもが小さいころから、親は「社会で活躍する人に育ってほしい」と、すなわち子どもたちが「志」を持つように期待していたことがうかがえます。

そのような思いを持ちながら子どもと接すると、日頃の言動の端々にその思いがにじみ出ます。すると、子どもは「どうすればリーダーになれるのだろう?」「どうすれば社会のために尽くせるのだろう?」と、自ら考え始めます。

リーダーとなって、みんなのために尽くすには、もっと勉強し、人間力を磨く必要があると気づいた子は、自主的に学ぶようになって学力を上げ、その学びを通じてＥＱ力も向上させていきます。

「夢は自分のため、志はみんなのため」

という言葉があるように、「夢」は自分のための目標達成への思いであるのに対し、「志」は世のため人のための目標達成への思いを指します。自分の力を出し切って社会に貢献するという目的を持ったときに、人は最もやる気に満ち、集中できます。

また、「自分は社会に貢献できている」という感覚があると、幸福度が高まることもわかっています。長く幸せに活躍し続けていくためには、「志」を持つことが大きなカギを握っています。

もちろん「夢」も大切です。将来パティシエになりたい、お医者さんになりたい、プロスポーツ選手になりたい――そういった「夢」を持つと、子どものやる気は高まります。子ども時代はまず「夢」の芽を育み、その夢を「大きな夢」に育て、やがて多くの人々の役に立つ「志」へと昇華させていきましょう。「夢」が「志」に変わるにつれて、子どものやる気とやり抜く力はますます強固なものとなります。そうして将来、いきいきと輝きながら、たくましく幸せに活躍する人になるための強力な〝ＥＱ力〟が身についていくのです。

「夢」から「志」へ

子どもが抱く夢を大切にし、親が支援をすることで、子どもはそれを「大きな夢」に育て、人の役に立つ「志」へと昇華させることができます。子どもが志を持つよう促しましょう。

現在

動物が大好き。いつも動物のお世話をしたがり、一緒に遊んでいる。

夢

「動物と関わる仕事がしたい」が夢。飼い猫を診てくれた獣医さんが憧れ。

志

病気やケガで苦しむ動物たちを助けたい。人のためになりたい。

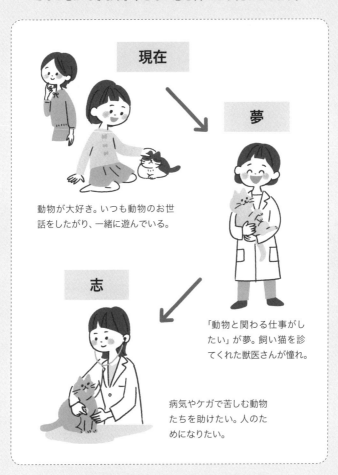

ポジティブ育児メソッド55 結果解説

第1～5章までお読みいただき、5つのEQ力を高める55のメソッドが現段階でどれだけできているのか……チェックをされた方は、「できている○」2点、「どちらでもない△」1点、「できていない×」0点として、合計点を出してください。

該当する合計点の解説をご参考に、あなたの現時点における「ポジティブ育児力」を見てみましょう。

子どもが2歳以下の場合は、まだできないことも多いので、参考程度に見てください。

0～74点　もう少しがんばりましょう

本書の55のメソッドの中で、一つでも取り組めそうなものがあれば、今日からすぐにでも始めてみましょう。まずは無理をせずに、1つの項目を1週間続けてみます。続ければ必ずや親子ともに変化が出てきますので、希望をもって取り組みましょう。

75～89点　がんばっています

各章ごとの合計点を算出しましょう（20点満点：「第1章　自己肯定感」は06～15の合計点です）。最も高い合計点だった章の内容を日々意識して、さらに伸ばしましょう。そうすれば、他の章の項目も引っ張られるようにして伸びていきます。

90～110点　すばらしいです！

これだけできていれば説得力がありますので、本書の内容を他の悩める保護者たちに伝えましょう。人は教えることで、最もよく学びます。自分の子どものみならず、多くの子どもたちのEQ力をも伸ばす「ポジティブ育児の達人」を目指しましょう。


「ポジティブ育児力」を簡単にチェックできるサイトはこちら。

ぜひアクセスしてみてください。

参考文献

- 『社会情動的スキル』 OECD［編著］（明石書店／2018年）
- 『幸せな人生を送る子どもの育て方』 前野隆司（ディスカバー・トゥエンティワン／2018年）
- 『子どもの未来が輝く「EQ力」』 浦谷裕樹（プレジデント社／2018年）
- 『ヒトの発達の謎を解く』 明和政子（筑摩書房／2019年）
- 『発達障害の子どもを伸ばす 魔法の言葉かけ』 shizu（講談社／2013年）
- 『マインドセット「やればできる！」の研究』 キャロル・S・ドゥエック（草思社／2016年）
- 『プレジデントFamily（ファミリー）』2016～2019年秋号 プレジデントFamily編集部（プレジデント社／2016～2019年）
- 『プレジデントベイビー』2017、2019完全保存版（プレジデント社／2017年、2019年）
- 『0～3歳のこれで安心 子育てハッピーアドバイス』 明橋大二（1万年堂出版／2017年）
- 『赤育本』 浦谷裕樹（プレジデント社／2020年）
- 『赤ちゃんの発達とアタッチメント』 遠藤利彦（ひとなる書房／2017年）
- 『3000万語の格差』 ダナ・サスキンド（明石書房／2018年）
- 『子育てしない子育て～天才たちの共通項』 小林正観、中村多恵子（大和書房／2019年）
- 『世界最高の子育て』 ボーク重子（ダイヤモンド社／2018年）
- 『モチベーション3.0』 ダニエル・ピンク（講談社／2010年）
- 『「学力」の経済学』 中室 牧子（ディスカヴァー・トゥエンティワン／2015年）
- 『自分でできる子に育つ ほめ方 叱り方』島村華子（ディスカヴァー・トゥエンティワン／2020年）
- 『ポジティブ心理学の挑戦』 マーティン・セリグマン（ディスカヴァー・トゥエンティワン／2014年）
- 『1人でできる子になるテキトー子育て』 はせがわわか（SBクリエイティブ／2019年）
- 『オンリーワンの花を咲かせる子育て』 松永正訓（文藝春秋／2020年）
- 『「絵本の読み聞かせ」の効果の脳科学的分析』 森慶子（読書科学、第56巻、第2号、pp.89-100／2015年）
- 『幸福優位7つの法則』 ショーン・エイカー（徳間書店／2011年）
- 『発達を学ぶ』 森岡周（協同医書出版社／2015年）
- 『「自己肯定感」を高める子育て』 ダニエル・J・シーゲル ティナ・ペイン・ブライソン（大和書房／2015年）
- 『発達（155号）【特集】脳・身体からみる子どもの心』（ミネルヴァ書房／2018年）
- 『最高の子育てベスト55』トレーシー・カチロー（ダイヤモンド社／2016年）
- 『世界最高のチーム』 ピョートル・フェリクス・グジバチ（朝日新聞出版／2018年）
- 『子どもが変わる 怒らない子育て』 嶋津良智（フォレスト出版／2013年）
- 『男の子の脳 女の子の脳』 レナード サックス（草思社／2006年）
- 『脳をきたえる「じゃれつき遊び」』 正木健雄、井上高光、野尻ヒデ（小学館／2004年）
- 『自分をコントロールする力』 森口佑介（講談社／2019年）
- 『自己制御の発達と支援』 森口佑介（金子書房／2018年）
- 『スマホが学力を破壊する』川島隆太（集英社／2018年）
- 『子どもの脳を傷つける親たち』 友田明美（NHK出版／2017年）
- 『学校における情動・社会性の学習』 松村京子（財団法人 日本学校保健会／2012年）
- 『やり抜く力 GRIT』 アンジェラ・ダックワース（ダイヤモンド社／2016年）
- 『100万人が信頼した脳科学者の 絶対に賢い子になる子育てバイブル』 ジョン・メディナ（ダイヤモンド社／2020年）

おわりに

私はこれからの時代を生きていく、すべての子どもたちに、「外からの動機づけがなくても、周りの状況がどうあろうと、その不確実性をも楽しみながら目標を定め、周りと協働しながら幸せに世界に貢献していく」そんな人間になってほしいと心から願っています。

親もいつの日か、この世を去ります。ということは、子どもの自立は遅かれ早かれ、やってくるのです。そのときに単に「自立」しているだけでなく、「自律」していること、「自律」しながら人々と適切な距離感を保って協働していくことが、これからの時代をたくましく、幸せに生きるカギとなるでしょう。

そのために親にできることは、しっかりとEQ力を育んであげることです。優しさと厳しさのバランスが取れた無条件の愛情を与え、わが子のどんな面も認め、受け止める。自分で考え、選択し、行動するように促していく。周りの人々と協調しながら、学び、考え、目標達成や問題解決のために努力する資質を身につけさせ、社会に貢献していく志を持つように導いていく――。

精神的にも肉体的にも大変な子育ての真っただ中にあっては、つい忘れてしまったり、後回しになってしまったりすることかもしれません。ですが、この中の一つでも、日々の子育ての中に意識して取り入れることができれば、子どものＥＱ力は育ちます。一日一日、理想に近づいていくことができるのです。

子育ての期間は、一生の中で見れば短いものです。ですが、子育ては、親に大きな喜びを与えてくれる崇高な仕事です。その経験は、親にとって、子どもの存在・成長とともに、一生を通じて、かけがえのない財産となるでしょう。

子どもとの時間がより有意義なものとなるように、ＥＱ力をＷＥＬＬ（すばらしいもの）にする、この「ＥＱＷＥＬ流・ポジティブ育児メソッド」を少しでも実践していただければ、それに勝る喜びはありません。みなさまのお子さまたちが、ＥＱ力を豊かに育て、それとともに高いＩＱ力を身につけ、大きな志を胸に、世界中の人々と幸せにすばらしい世界を創り上げていきますように。

浦谷裕樹

ポジティブ育児メソッド

2021年2月28日　第1刷発行

著　者　浦谷裕樹
発行者　長坂嘉昭
発行所　株式会社プレジデント社
〒102-8641
東京都千代田区平河町2-16-1
平河町森タワー13階
https://www.president.co.jp/
https://presidentstore.jp/
電話　編集03-3237-3733
　　　販売03-3237-3731
販　売　桂木栄一、高橋 徹、川井田美景、
森田 巌、末吉秀樹

構　成　大西史恵
装　丁　鈴木美里
組　版　清水絵理子
イラスト　たかはしみどり
校　正　株式会社ヴェリタ
製　作　関 結香
編　集　金久保 徹、神山光伸

印　刷　大日本印刷株式会社

ISBN978-4-8334-5172-7
Printed in Japan